健美操课程教学与优化研究

高峰 著

人民体育出版社

图书在版编目（CIP）数据

健美操课程教学与优化研究 / 高峰著. -- 北京：人民体育出版社，2022
ISBN 978-7-5009-6032-4

Ⅰ.①健… Ⅱ.①高… Ⅲ.①健美操—教学研究 Ⅳ.①G831.32

中国版本图书馆CIP数据核字(2021)第067914号

*

人 民 体 育 出 版 社 出 版 发 行
北京中献拓方科技发展有限公司印刷
新 华 书 店 经 销

*

787×960　16开本　14.5印张　230千字
2022年4月第1版　2022年4月第1次印刷

*

ISBN 978-7-5009-6032-4
定价：72.00元

社址：北京市东城区体育馆路8号（天坛公园东门）
电话：67151482（发行部）　　邮编：100061
传真：67151483　　　　　　　邮购：67118491
网址：www.sportspublish.cn

（购买本社图书，如遇有缺损页可与邮购部联系）

前　言

　　近年来，健美操以它独特的魅力及风格风靡全球，在不同的年龄阶段、不同的职业层次中得到广泛开展，并不断地丰富了其艺术内涵和竞技水平。健美操是一项新兴的运动项目，且伴着音乐展现出健美动作和身体姿态，又运用动作表达音乐，体现了动作与音乐美的和谐，表现出健美操丰富的艺术内涵和本质特征，深受大众的喜爱，并以其独特的魅力在众多的传统体育项目中脱颖而出，成为我国全民健身和终身体育的重要项目之一。

　　教学能力是体育教育专业健美操专项学生必须掌握的最基本的能力之一。在"健康第一"体育教育思想的指导下，为了更好地适应社会发展，满足教育和学生的主体需求，注重教学能力的培养已上升为一大课题。21世纪是知识、创新、信息化相结合的时代，它对人才的要求更加严格。怎样在课程发展过程中优化健美操专修的教学内容并使之适应社会的需求，是高校健美操课程改革的关键，对健美操的教学能力进行科学的评价和培养研究，以及达到如何培养的要求，是健美操教学面临的首要问题。健美操课程教学存在一些需要改进的问题：单一的教学方法不断暴露其弊端，传统健美操教学内容有待进一步更新。本书将从多个角度出发，对健美操课进行教学优化的探索研究，旨在进一步提升健美操课教学效率、取得很好的教学效果，同时也希望能满足学生锻炼的需求。"困则变，变则通，通则强"。如何将健美操课进一步优化，应引起学校的高度关注，及时发现健美操课教学过程中存在的问题，落实健美操的教学优化策略。

结合健美操项目特征、学生身心发展特点以及形体内容特征，针对学生在学习健美操过程中存在的一些问题，为解决学生的腿部力量、身体柔韧性、协调性上存在的问题以及健美操基本技术问题，本书从健美操术语、课程优化、课程组织、健美操教学、健美操音乐、健美操创编、健美操训练等角度设计了健美操课程教学优化体系，结合了舞蹈以及音乐等元素，在内容上更具有全面性、系统性和实效性。这不仅解决了现阶段对健美操练习内容尚未深入研究、对构建健美操练习内容的理论框架研究较少的问题，还能给健美操教师们提供教学参考，从而丰富了健美操教学内容。

由于作者的学识及能力所限，书中可能存在不足和错误之处，诚恳希望各位专家、同行和读者批评指正。

作者

2020年5月

目 录

第一章　健美操概述 （1）

第一节　健美操概念、分类及特征 （1）

第二节　健美操的目的和意义 （7）

第三节　健美操的起源与发展 （9）

第四节　健美操的发展趋势 （20）

第二章　健美操术语 （23）

第一节　健美操术语概述 （23）

第二节　健美操基本术语 （28）

第三节　健美操专门术语 （38）

第四节　健美操难度动作术语 （42）

第五节　健美操术语的运用 （44）

第三章　健美操课程优化研究 （50）

第一节　健美操课程优化的必要性 （50）

第二节　健美操课程优化影响因素 （53）

第三节　健美操课程优化原则 （56）

第四节　健美操课程优化内容 （57）

第四章　健美操课程组织优化 （71）

第一节　健美操课程概论 （71）

第二节　健美操课程组织优化 （75）

第五章　健美操教学优化 …………………………………………（84）

第一节　健美操教学的理论基础……………………………………（84）
第二节　健美操教学方法优化………………………………………（88）
第三节　健美操教学能力的培养……………………………………（94）

第六章　健美操训练 ………………………………………………（97）

第一节　健美操训练的基础知识……………………………………（97）
第二节　健美操的训练原则与方法…………………………………（99）
第三节　健美操的身体素质训练……………………………………（103）
第四节　健美操的技术训练…………………………………………（109）
第五节　健美操训练计划的制订……………………………………（117）

第七章　健美操的创编与音乐 ……………………………………（121）

第一节　健美操创编的理论基础……………………………………（121）
第二节　健美操创编的原则与方法…………………………………（123）
第三节　健美操成套动作的创编……………………………………（131）
第四节　健美操成套动作的评价与反馈……………………………（135）
第五节　健美操音乐…………………………………………………（137）

第八章　健美操的选材 ……………………………………………（151）

第一节　健美操选材的依据…………………………………………（151）
第二节　健美操选材的标准…………………………………………（154）
第三节　健美操选材的注意事项……………………………………（157）

第九章　健美操运动损伤的预防与康复 …………………………（165）

第一节　健美操运动损伤概论………………………………………（165）
第二节　健美操运动损伤的常见部位及治疗方法…………………（168）
第三节　健美操运动损伤的原因与预防……………………………（174）

第四节　健美操运动损伤的康复训练……………………（186）

第十章　健美操竞赛的组织与裁判工作……………………（188）

　　第一节　健美操竞赛的组织工作……………………………（188）
　　第二节　竞技健美操的裁判方法……………………………（191）
　　第三节　健身健美操竞赛的裁判方法………………………（209）

参考文献…………………………………………………………（217）

第一章　健美操概述

第一节　健美操概念、分类及特征

健美操是在音乐的伴奏下，以有氧运动为基础，以健、力、美为特征，融音乐、体操、舞蹈为一体的体育运动。它既是一种增进健康、塑造形体、娱乐身心的大众健身方式，又是竞技运动的一个项目。

20世纪70年代健美操运动被引入我国，体育界的许多专家学者对健美操进行研究并给予定义。由于在发展中人们对健美操的认识和理解各不相同，因此不同的历史时期对健美操的理解也有所不同。

70年代认为，健美操就是"操化的为了人体健康而进行的动态选美比赛"。80年代认为，"健美操是以人体自身为对象，以健美为目标，以身体练习为内容，以艺术创造为手段，融体操、舞蹈、音乐为一体的一项新兴体育项目"。90年代认为，"健美操是把体操和舞蹈中的简单动作，根据练习者的身体特点，严格地按照发展身体各部位的要求组编成操，在音乐伴奏下进行练习，是达到增进健康、培养正确的体态、塑造美的形体、陶冶美的情操的一种群众性健美锻炼手段"。它集中体现了人类为按照美的规律改造世界，并在这个改造过程中不断完善自身的愿望，深受广大群众喜爱和欢迎。

一、健美操的定义

近年来我国大力发展全民健身事业，展示多元化的健身文化形式，健美操作为一项老少皆宜的运动及表演项目，衍生出许多具有时代特征的新的健身方式。为使国民能够更加科学地了解健身、理论相关知识，弘扬时尚的体育健身思想，根据大众对生活品质的不断追求，健美操在保留传统特色的基础上，结合了艺术、舞蹈、体育舞蹈以及武术等项目的精髓，体现出丰富多彩的健美操表现形式。

（一）健身操舞

健身操舞是以健身、娱乐为目的，以操、舞为载体，并体现音乐主题，被广大群众所喜爱和接受的集健身、健心、健体、益智于一体的一项有益的健身活动。健身操舞以健康、健美和防病治病为目的，为社会上不同年龄层次的人所采用。其练习的主要目的是"锻炼身体，增进健康"。动作简单易学，活泼流畅，讲究针对性和实效性，节奏感强，节奏速度适中，每10秒钟22～26拍；其练习时间可长可短，在练习的要求上也可以根据个体情况而变化。但无论怎么变化，都应严格遵循"健康，安全"的原则，防止运动损伤的出现，在保证安全的基础上，达到锻炼身体的目的。

（二）竞技健美操

竞技健美操（Sports Aerobics /Aerobic Gymnastics）是一项在音乐伴奏下，能够表现连续、复杂、高强度健美操操化动作能力的运动项目。该项目起源于传统的有氧健身运动。成套动作必须通过健美操7种基本步伐以及完美的难度动作等来展示运动员完成连续动作、柔韧及力量动作的能力。

二、健美操的分类

健美操是体育中的一个综合性边缘学科的项目。随着健美操运动的迅速发展，根据健美操的目的、任务，健美操被分为健身操舞和竞技健美操两大类。

（一）健身操舞

健身操舞依据练习的目的和任务、性别、年龄、练习方式、参加人数等进行如下分类：

①依据练习的目的和任务，分为民族健身操、有氧健身操、拉丁健身操、形体健身操、瑜伽、搏击操、自由舞蹈（各种不同风格特点的舞蹈作品）、运动舞蹈（各种体育艺术类表演形式的运动项目）等。

②依据性别，分为女子健身操舞和男子健身操舞。

③依据年龄，分为老年健身操舞、中年健身操舞、青年健身操舞、少儿健身操舞、婴幼儿健身操舞。

④依据练习方式，分为徒手健身操舞和持轻器械或专门器械的健身操舞，如有氧操、健身舞蹈、健身踏板、健身球操、健身杠铃等。

⑤依据参加人数，分为单人健身操舞和集体健身操舞。

健身操舞是人类物质文明和精神文明发展到一定历史时期的必然产物，坚持练习可锻炼身体的协调性、动作的节奏感和韵律感，达到健身、健美、娱乐的目的。

（二）竞技健美操

竞技健美操主要以竞赛和争夺金牌为目的。它是根据特定的竞技健美操规则和规程，按照规则的要求组织运动员进行训练和比赛，具有较高的艺术性、表演性和观赏性。目前国际上规模较大的竞技健美操比赛有"世界健美操锦标赛""世界健美操冠军赛""健美操世界杯系列赛""世界运动会"。我国正式的竞技健美操比赛有"全国健美操锦标赛""全国健美操冠军赛""全国青少年锦标赛"和"全国健美操联赛（分站赛）"。

按国际规则的要求，竞技健美操按性别和人数可分为：男子单人、女子单人、混合双人、三人和五人（性别不限）。按参赛的年龄可分为：成人组（18周岁以上）、国际年龄二组（15~17岁）、国际年龄一组（12~14岁）、国家预备组（9~11岁）。

竞技健美操的比赛时间：成人组和国际年龄二组参加所有项目的成套时间均是1分20秒，上下浮动5秒（不包括提示音），比赛场地为10×10平方米；国家预备组和国际年龄一组参加的所有项目的成套动作时间均是1分15秒，上下浮动5秒（不包括提示音），国家预备组的单人、混双、三人项目比赛场地为7×7平方米，集体五人项目场地为10×10平方米。国际年龄一组的单人项目比赛场地为7×7平方米，集体性项目场地为10×10平方米。比赛服装也有专门的规定，一般为紧身的专业健美操服装。比赛有专门的竞赛规则，规则对每一具体细节都做出详细的说明。竞技健美操成套动作要求必须表现出健美操动作类型、风格和难度动作的均衡性。健美操动作的姿态要求是躯干直，呈一直线位置，臂腿动作有力、外形清晰。动作编排要充分、合理地利用空间（地面、站立以及空中动作）。对于混双、三人和五人集体成套动作仅为一次托举，开始和结束动作可以包含其中。混双、三人、五人最多能采用9个难度动作，单人最多能采用10个难度动作，所有难度动作任选3个组别，每个组别至少1个。成套动作中最多允许有3个C组难度动作落地俯撑或劈腿。

为了促进健美操活动的广泛开展，满足人们展示和表现自我身体与心理需求，在健身操舞或竞技健美操的基础上，出现了一种不受规则限制，专为表演而设计的，并以取悦观众，获得热烈、欢快气氛为主要目的，事先编排好的成套健美操。表演形式不受规则限制，用于表演的人数、形式、规模比较自由，一般少则5~6人，多则数百人，这是人民群众喜爱的一种运动娱乐方式。为了强化表演效果，动作重复较少，常采用不对称性的动作，在成套动作中加入了较多队形变化和集体配合的动作，表演者可以利用轻器械，如花环、旗子等，还可采用一些风格化的舞蹈动作，如爵士舞等，以达到烘托气氛、感染观众、增加表演效果的目的。

三、健美操特征

（一）健身操舞的特征

1. 健身的独特性

健身操舞是人们十分喜爱的有氧运动的一种。它吸纳人们喜欢的各种流行因素，却能按照健美操的特点，经过再创造，形成健身操舞的特有动作，使之具有讲求实效、简单易行、造型美观、活泼多变、小关节和对称活动居多的特点。这些动作通过科学有序的排列组合和重复，成为具有独特功能的动作整体。

健身操舞的动作既不同于竞技健美操的"硬"，也不似舞蹈的"软"，而是在健身的基础上把国内外时尚的不同健身形式展示出来，与形体美、姿态美、动作美和精神美有机地结合起来，注重外在美的训练，又强调内在美的培养。这种健与美的统一，是其本质特征的表现，是区别于其他健身操的重要标志。

2. 健身的科学性

健身操舞的科学性主要体现在以下几方面：锻炼方法是否有针对性，锻炼时间是否有规律性，锻炼场地是否在比较适合健身操舞健身的地方进行，锻炼是否具有持续性，在锻炼中是否有合理的营养补给，以及是否注意在健身操舞锻炼中不断地总结提高。其具体表现在健身操舞的创编，应遵循人体运动解剖学、运动生理学、运动生物力学原理。不同的操舞风格和器械有不同的动作结构、技术要求、运动风格和运动强度，可分别适应各种不同条件和兴趣爱好的健身者的要求。针对体质强健的年轻者可以选择节奏快、频率高的健身操舞进行锻炼；体质较弱、年龄较大者，可学练动作简单、缓慢柔和的形体舞等；针对锻炼人群的多少，可开展集体或小组锻炼，或采用形式多样的变换练习。丰富的操舞素材给从事健身操舞健身锻炼的人们提供了方便。人们可根据年龄、体质、兴趣爱好、条件的改变而学练不同的健身操舞，不同地域的人们也可选择具有本地特色的健身操舞进行锻炼。健身操舞对于动作编排没有选择对身体易造成伤害的动作，所选健身动作在各种操舞表现的基础上，使上肢、下肢、头颈、躯干及全身等各部位、各关节参与活动，并通过音乐调整心态，达到全身锻炼的目的，因此它注重科学指导。

3. 健身的时尚性

健身操舞是时代的产物，它给人们带来热情奔放的情感体验，符合现代人追求健美、自娱自乐的需要，因此深受广大群众的喜爱。其吸取了舞蹈语汇中精粹部分，通过消化吸收，成为区别于其他项目、有自己独特风格的健美操特色动作。尤其是大量吸收了舞蹈中许多髋部、腰部、腹部的动作，不但加强了髋关节的灵活性，而且大大加强了常被人们忽视的腹腔运动，使呼吸和排泄功能得以改善。髋部运动还能有效地减少臀部和腹部脂肪的堆积，提高动作的协调性和灵活性。

4. 健身的多样性

健身操舞的动作套路形式多样化，节奏有快有慢，套路有长有短，动作有难有易，运动量和运动强度的大小可依人调整，适合于不同阶层、不同行业、不同年龄、不同性别、不同体质的人们进行锻炼，各种人群都能从健身操舞练习中找到乐趣。

5. 健身的安全性

健身操舞所设计的运动负荷及运动节奏，充分考虑到由运动所产生的一系列刺激结果的可行性变化，使之适合一般人的体质，甚至弱体质人群。人们在平坦的地面上，在欢乐的音乐中，跟随快慢有序的节奏进行运动，十分安全，而且有效。

（二）竞技健美操的特征

竞技健美操虽然同健身操舞一样，都有增强体质、美化形体、陶冶情操的功效，但它更有其自身的特点。

第一，竞技健美操是有氧和无氧代谢运动相结合，以无氧代谢为主，运动强度大，时间短，速度快，每10秒钟在26拍以上。

第二，竞技健美操动作难度大，变化多，技术复杂，且追求动作的全面性、准确性、艺术性、创新性。

第三，竞技健美操强调编排的创新性、流畅性，富有艺术感染力。它对人的体能、技术、心理、意志等方面提出了更高的要求。

竞技健美操起源于传统的健身运动，保留着大众的特色，它的高难度、高体能是当今竞技健美操的典型特点，与其他的竞技体育项目比较起来，在技术和评分上有显著特点。

1. 竞技健美操技术特征

（1）正确姿势的控制技术

在完成成套动作的过程中，要求运动员始终保持正确的身体姿势。竞技健美操的比赛规则中要求："健美操动作的姿势要求躯干直，呈一直线位置，臂和腿动作有力，外形清晰。"这就是说，脊柱的正确位置以及与头、颈、肩、臂的相对位置；髋、膝、踝的位置；身体的上下、左右、前后的状态相对于脊柱要合理分配。在整套动作过程中，人体保持一种合理的、准确的、具有平衡性的姿势，以及身体的三个轴与面的控制技术。

（2）节律性的弹动技术

指在整套动作过程中，保持明确的节奏感，这种节奏感贯穿于身体的弹动中。身体的弹动主要是指下肢动作通过髋、膝、踝的弹动，身体通过对地面的作用力反作用于踝、膝和髋关节，产生依次的传递和关节的协调屈伸。

（3）快速、流畅、有力度的操化技术

这是指运动员在完成操化动作时，肌肉快速用力与制动而产生的技术。运动员在大幅度、准确地完成动作过程中的外在表现。在竞技健美操成套动作中，近一半的动作由操化组成，操化的力度则表现在刚劲有力、积极快速、加速与制动的技术上，只有这样，才能在比赛中表现出潇洒、自信与高超的技

术,从而实现健与美的统一。

2. 竞技健美操评分特征

(1)艺术分

规则中艺术分总共是10分,其中音乐和乐感2分、操化内容2分、主体内容2分、空间利用2分、艺术性2分。从这五个方面进行评分,分为优秀、很好、好、满意、差、难以接受6个评分等级。每方面等级都有具体的标准要求。规则中的操化动作是反映成套竞技健美操项目特色的主要特征,规则对操化单元数量也做了明确的要求,不得少于8个八拍,少一个八拍扣0.1分。并且在成套动作中要体现出分布均衡的特点。

(2)完成分

完成裁判是根据难度动作(难度和技巧)、操化动作、过渡与连接动作、托举动作、配合及团队协作在内的全部动作技术的完成情况进行评分。在混双、三人、五人集体项目中,完成裁判除了对运动员表现出的托举动作、技术技巧能否达到整齐化进行评判外,还要求其动作具有合拍性和一致性。

(3)难度分

由难度裁判确认全部难度动作的最低完成标准,并给予相应的难度分值。规则要求使用所选的9个(混双、三人、五人)或10个(单人)难度动作。成套动作中最多允许有3个C组难度动作。对于五人项目,成套动作中只允许出现1次运动员同时完成最多两个不同的难度动作,分值较低的难度计入成套动作。

难度动作还必须出于不同的命名,难度表中任选3个组别,每个组别至少1个,另外难度动作不得重复。

第二节 健美操的目的和意义

一、健美操的目的

①健美操的目的在于促进身体的正常发育,增强肌肉韧带和内脏器官的功能,完善心血管系统和呼吸系统的机能,以及发展肌肉的力量、速度和弹性等

基本素质，增进健康，增强体质。

②培养正确的身体姿势，矫正不良的身体姿势，形成正确、优美的体态。

③协调发展人体各部位的肌肉群，使人体匀称和谐地发展，塑造健美的形体。

④培养正确的健美观念，良好的风度、性格和品德以及乐观进取的精神，陶冶美的情操。

总之，健美操已遍及全世界，它正以强大的生命力，受到人们的热烈欢迎。健美操作为一个时代的产物，一项美的健身运动，必将随着人们生活水平、经济条件的不断改善，自身内容和形式的不断充实和完善，在世界和我国更加深入广泛地开展起来，它将促进学校体育内容和整个健美操锻炼方法的变革，为健美人类做出贡献。

二、健美操运动的意义

（一）健美操是我国全民健身运动的一个重要组成部分

随着我国人民生活水平的迅速提高，健身、休闲、娱乐逐渐成为人们的日常需要。尤其是自从1995年我国政府全面推行《全民健身计划纲要》以来，广大人民群众进一步加深了对体育运动重要性的认识，体育锻炼不再是一种号召，而变成了人们自觉的行动。体育消费正成为时尚，人们转变了思想，更新了观念，自觉自愿地为健康投资，因此，越来越多的人积极参与到体育运动中来，掀起了一个全民健身的热潮。

目前在社会上，不仅出现了以健美操为主要内容的各种健身中心，而且各大、中、小学也将健美操列入教学大纲，作为正规的教学内容传授。另外，各种以健美操为主要内容的电视节目的播出，也促进了健美操运动的普及与开展，使更多的人认识了健美操，并加入健美操锻炼中来。因此，健美操已成为我国全民健身运动的一个重要组成部分。

（二）健美操练习是一种卓有成效的锻炼手段

健美操作为一项有氧运动，具有所有有氧运动的健身功能，如全面提高身体素质，提高心肺功能、肌肉耐力，促进机体各组织器官的协调运作，使人体发挥最佳机能状态等，因此，健美操具有良好的健身效果。除此以外，健美操不同于其他有氧运动项目之处在于，它是一项轻松、优美的体育运动，在健身的同时，带给人们艺术享受，使人心情愉快，陶醉于锻炼的乐趣中，减轻了心理压力，促进身心健康发展，从而增强了健身的效果。因此说，健美操练习是一种卓有成效的锻炼身体的方法。

（三）健美操表演与比赛有利于丰富群众的业余文化生活

体育是人类社会文化生活的一个重要组成部分，人们经常通过在业余时间参与体育运动来达到强身健体、娱乐身心、促进交流的目的。

随着健美操运动在我国的快速普及与发展，健美操比赛也逐步正规化。目前，不仅有正式的全国赛，还有省市比赛，甚至单位、学校内部的比赛。近年来，健美操还经常作为表演项目出现在各种场合，为宣传健美操运动起到了重要作用。为准备比赛或表演，表演者付出了一定的时间和精力，但同时也是健身和娱乐的过程，而表演本身又满足了表演者自我表现的欲望，达到了娱乐身心的目的。对观众来说，观看比赛和表演本身就是一种娱乐行为，在表演过程中，运动员精湛的技艺、强健的体魄，给予观众"美"的享受，起到了振奋精神的作用，丰富了群众业余文体生活。

第三节　健美操的起源与发展

一、我国健美操运动的发展概况

（一）我国健身操舞的起源与发展

1. 萌芽期——孕育阶段

健美操源远流长，它起源于人们生活及对人体健美的追求，是体操、舞蹈、音乐逐步发展和结合的产物。长沙马王堆出土了一张西汉时代的帛画导引图，上面画着44个栩栩如生的人的姿势图，从站立、跑、坐基本姿势开始，做着伸展、转体、弓步、跨跳等动作，与现代徒手健美操中的许多动作十分相似。从而可以看出，我国古代人民已经很重视人体的健美锻炼。我国著名的汉代医学家华佗所编的"五禽戏"的动作模仿虎的勇猛扑动、熊的沉稳走爬、鹿的伸头颈、鸟的展翅飞翔、猿的机敏纵跳。动作不仅姿态优美，生动有趣，而且使人体各部分的组织得到充分发展，从而促进了人体的健美。

2. 产生期

产生期又可以根据对健美操的认识程度分为两个阶段：引进阶段和认识阶段。

（1）引进阶段

早在1900—1913年，流行于欧美各国的体操相继传入我国。据记载，早在1937年，由我国康健书局出版了马济翰先生写的《女子健美体操集》专著，该书以"貌美与体美""妇女健康的运动""中年妇女的美容操""增进肉体的五分钟美容操""女子健康柔软操"5个题目，阐述了人体美的价值以及练习方法和要求等，还介绍并采用了站立、坐卧的健美体操，并附有30多幅照片。其内容与现代女子健美体操有许多相似之处。书中介绍说："本书所选欧美各国最新发明的体操数种，有适于少年妇女者，有适于中年妇女者，皆为驻颜之秘诀，增美之奇方。至于身体健康，自不待言，但能恒心练习，立可获得美满之奇效。"与此书相继出版的还有《男子健美体操集》，阐述了健美操对增进人体的价值、方法、要求，同时还增加了哑铃轻器械的练习内容，许多动作与现代健美操十分相近。这两本书说明我国早在20世纪30年代就已介绍和开展了欧美各国的健美操研究。

（2）认识阶段

世界性的健美操热传入我国是在20世纪70年代末80年代初。80年代初，我国步入改革开放的大潮中，人们开始快速地接受新事物。1981年1月，《中国青年报》发表了作者为陆保钟、牛乾元的特约稿《人体美的追求》。1982年2月，中国青年出版社出版的《美，怎样才算美》一书，刊登了陈德星编著的《女青年健美操》和牛乾元编著的《男青年哑铃健美操》，"健美操"一词迅速被广大体育工作者所采用。之后报刊、电视台对健美操的宣传，对健美操在我国快速地发展起到了至关重要的作用。

3. 探索期——研究阶段

这一时期，以学校为主的研究和推广是健美操沿着科学、健康的道路快速前行的助推剂，此阶段在大力发展技术的同时，也初步形成了一套适合我国国情的健美操运动理论。

1984年，北京体育学院成立了健美操教研室，接着上海体育学院也成立了健美操教研室，并率先开设了健美操选修课和专修课。1986年，北京体育学院编写了我国第一部《健美操试用教材》，此后全国许多高等院校开始将健美操内容列入教学大纲中，使得健美操成为备受学生喜爱的体育教学内容。

4. 发展期——普及阶段

1987年，我国第一家健美操健身中心——利生健康城成立，健美操运动在群众中开始推广流行。随后在北京、广州、上海、西安等城市创办了许多俱乐部，健美操成为当时的主流课程。

接着，全国范围内的一系列健美操比赛的举办，使得这项运动更加迅速开展。1986年7月，北京康华健美康复研究所主办了全国首届"康康杯"儿童健美操友好邀请赛。1987年1月，由北京体育学院和共青团北京市委联合举办了"北京市首届青年韵律操比赛"。同年5月，上海市举办了"达尔美杯"群众自编健美操电视比赛。1988年10月，国家体委群体司和国家教委体卫司联合委托中国儿童少年活动中心举办了有22个省、市参加的"少年儿童韵律体操邀请赛"。我国中老年健美操继少年儿童和青年健美操之后，也在迅速发展。1988年10月，由中华全国体育总工会群体部、中国老年人体育协会、中国体育报社等单位联合举办的"全国中老年迪斯科、健美操（舞）电视大奖赛"，把我国中老年健美操运动的发展推向新的高峰。

20世纪90年代以后，随着人们生活水平的不断提高和对健美操运动认识的加深，在原来的基础上使得健美操向着更加科学的方向发展，并且在内容上发生了巨大的变化，向多元化与时代紧密结合的方向不断迈进。

（二）我国竞技健美操的起源与发展

1. 摸索期——初级阶段

在我国健身操舞运动发展的同时，以比赛为主要目的的竞技健美操运动也在发展之中。1986年4月，在广州举行了第一次全国性比赛"全国健美操比赛"，有8个省、市的9支代表队参加，各队表演的自编六人健美操，风格各异，百花齐放，引起了观众浓厚的兴趣。这次全国女子健美操表演赛，开创了我国健美操比赛的新路，探索了我国健美操的比赛方法。1986年12月，为了准备首届正式的全国健美操比赛，由北京体育学院和康华健美研究所共同举办了全国健美操教练员培训班。来自全国20多个省、市的200多名学员参加了培训，培养了一批健美操骨干力量。1987年5月，由康华健美研究所、北京体育学院和中央电视台等联合举办了全国首届"长城杯"健美操友好邀请赛。这次比赛的项目借鉴了美国健美操（Aerobic）的比赛项目，结合我国健美操的发展实际，进行了男女单人操、混合双人操、男女三人操和混合六人操（男3女3）等6个项目的比赛。这是我国举办的首次全国性竞技健美操比赛。1991年10月，在北京举办了全国首次大学生健美操、艺术体操大奖赛，来自12个省、市、自治区34所大专院校的190多名运动员参加了比赛，首次使用了新的适合我国大学生健美操运动开展的大学生健美操竞赛规则。

这一阶段，从比赛名称的繁多到比赛服装的不一致，从竞赛规则的不稳定性到参赛运动员的业余性，均显示了我国竞技健美操运动处于发展的初级阶段。

2. 规范期——成长阶段

1992年9月，中国健美操协会成立，标志着中国健美操运动进入有组织、有计划发展的新时期。1997年，国家体委将中国健美操协会由社会体育指导中心划归体操运动管理中心。经过几年的实践、探索，中国健美操协会先后推出了《健美操活动管理办法》《全国健美操指导员专业技术等级实施办法》《全国健美操大众锻炼标准实施办法》《健美操运动员技术等级标准》和《健美操竞赛规则》。2001年12月，根据新规则的要求，重新创编了《竞技健美操二、三级等级规定动作》和《健美操动作技术等级标准》，并按照周期不断更新，将竞技健美操运动纳入科学化、正规化管理轨道，进一步推动了我国竞技健美操的发展和提高。

3. 与国际接轨期——发展阶段

在1987年，北京体育学院健美操队首次访问日本，这是我国健美操运动第一次走出国门。1997年4月，我国健美操队参加了在日本举行的IAF世界杯赛，同年5月参加了在意大利举行的第4届世界锦标赛和7月在美国举行的ANAC世界冠军赛。由于我们参加国际比赛的次数太少，国际交流的机会不多，所以在这几次比赛中都没有取得理想的成绩。

为了跟上国际竞技健美操的发展节奏，1999年初，国家健美操协会聘请了两名参与制定国际健美操竞赛规则的外国专家来华讲学。2000—2003年，我国还先后派出18人次参加了FIG组织的国际裁判员、教练员培训班。2001年1月，中国体操协会再次邀请国际健美操专家讲学，此次培训有来自全国的400多名学员参加。通过国际交流与学习，使我们了解到国际竞技健美操的发展动向和技术发展趋势，加深了对国际规则和技术的理解，极大地促进了我国竞技健美操水平的提高。2002年8月，我国再次组队参加第7届世界竞技健美操锦标赛时，获得团体第7名、三人操第7名并首次进入决赛。2003年8月、2004年5月分别在德国和法国分站的世界杯健美操系列赛上，获得六人操第4名，三人操、男单、混双均进入前6名的好成绩。

4. 成熟期——飞越阶段

2004年6月，在第8届世界竞技健美操锦标赛上，我国选手获得六人操第3名，实现了奖牌"零"的突破，首次在国际竞技健美操赛场上升起五星红旗，为国家争得荣誉。2005年7月23—24日，在德国杜伊斯堡举行的第7届世界运动会上，中国竞技健美操六人操以高超的技艺、独特的编排击败了2004年世锦赛冠军罗马尼亚队获得金牌，中华人民共和国国歌第一次在世界健美操赛场上奏响，实现了中国健美操金牌"零"的突破，同时也标志着我国竞技健美操运动水平跻身于世界先进行列。

2006年6月，第9届世界健美操锦标赛在我国南京举行。本届锦标赛是2005—2008年新周期中第一次使用新评分规则的锦标赛，也是国际体联统一各单项技术体操名称，竞技健美操更名后首次以Aerobic Gymnastics承办的世界锦标赛。在此引用一句国际体联网站的语句："……作为2008年奥运会的主办国向世界最优秀的健美操选手发出邀请，并不是因为奥运会为本次比赛加贴了标签，而是默然许久的东方大国在竞技健美操的国际舞台上已经开始奋然崛起！"当我国以六人操第1名、男子单人第1名、女子单人第2名、三人操第2名、混合双人操第5名和第8名的优异成绩圆满完成比赛时，这句话充分地得到了验证，同时也标志着我国竞技健美操开始进入一个崭新的历史时期。

2007年4月12—16日，中国健美操队赴日本参加"铃木杯"世界健美操邀请赛。本次比赛共有18个国家派出选手参赛，这是我国自1998年首次参加该项赛事后，时隔9年又一次出征。我国选手获得了2金1银2铜的好成绩。

2007年5月12日，在法国南部山城小镇罗德兹举办的第3届世界杯总决赛中，中国健美操队获得两金、一银、一铜，总分第一的佳绩，男单蝉联世界冠军。本次比赛作为2006年世锦赛后本年度最重要的国际比赛，堪称当今国际健美操水平最高的盛会。我国的六人操在2005年首次夺冠，2006年夺得世锦赛冠军，此次世界杯总决赛再次夺魁，成为世界上第一个在国际三大赛中六人操实现大满贯的国家。混双在国际大赛中首次获得奖牌。敖金平在世锦赛摘取了男单金牌后，在世界杯总决赛中蝉联了该项目的世界冠军，2009年，中国健美操国家队从第8届世界运动会胜利归来，他们在本届世运会上夺得了一金、一银和两铜。国际体联评价说，中国健美操队在世运会上分得了最大的蛋糕。倪振华、何世剑、于巍、张鹏、陶乐和车磊六人在《满江红》苍劲有力的曲调伴奏下，又一次获得六人操项目的金牌，在健美操史页上再添辉煌篇章。

2011年2月24—27日，在法国举行的健美操世界杯系列赛（第一站），我国运动员大获全胜，囊括了5个项目的所有金牌。

2011年5月12—15日，在保加利亚举行的健美操世界杯系列赛（第二站），有24个国家的700名运动员参赛，中国队取得了4金1银的好成绩。

2012年6月4日在保加利亚索非亚举行的第12届健美操世界锦标赛上，我国健美操健儿蝉联三人操世界冠军，在参赛的7个项目当中，获得4金2铜，并取得所有项目参加第二年世界运动会参赛入场券的资格。

2014年6月，在墨西哥坎昆举行的第13届世界健美操锦标赛上，中国队在有氧舞蹈、有氧踏板、三人操3个项目中都发挥出色，获得第一名，最终获得团体赛的铜牌。

2016年6月17—19日，第14届健美操世锦赛在韩国仁川落下帷幕，来自41个国家的302名运动员参加了本次比赛，中国健美操队参加了本次比赛全部7个单项的比赛，最终获得2金3银1铜的优异成绩，成为本届比赛的最大赢家。

表1-1 历次全国健美操比赛

次	时间	地点	比赛名称
1	1986.4	广州	全国健美操比赛
2	1987.5	北京	全国首届"长城杯"健美操友好邀请赛
3	1988.6	北京	全国"长城杯"健美操国际邀请赛
4	1989.1	贵州	全国健美操邀请赛
5	1990.5	昆明	全国健美操邀请赛

（续表）

次	时间	地点	比赛名称
6	1991.6	北京	全国健美操锦标赛
7	1992.10	北京	全国健美操冠军赛
8	1994.5	南昌	全国健美操锦标赛
9	1995.5	厦门	全国健美操锦标赛
10	1996.9	沈阳	全国健美操锦标赛
11	1997.10	扬州	首届"春兰杯"健美操运动会
12	1998.9	成都	第2届健美操运动会暨健美操锦标赛
13	1999.6	萧山	全国健美操锦标赛
14	1999.11	上海	全国健美操冠军赛
15	2000.4	南京	全国健美操锦标赛
16	2000.6	宁波	全国首届体育大会健美操比赛
17	2001.8	南京	全国健美操锦标赛
18	2001.12	北京	全国健美操冠军赛
19	2002.4	苏州	全国健美操锦标赛
20	2002.6	绵阳	第2届全国体育大会健美操比赛
21	2003.8	昆明	全国健美操锦标赛
22	2003.10	济南	全国健美操冠军赛
23	2004.4	长沙	全国健美操锦标赛
24	2004.9	山东	全国健美操冠军赛
25	2005.8	海口	全国健美操锦标赛
26	2005.10	宁波	全国健美操冠军赛
27	2006.11	深圳	全国健美操锦标赛
28	2007.10.2—6	深圳	全国锦标赛与世锦赛选拔赛
29	2007.11.22—28	深圳	全国冠军赛与青少年总决赛
30	2008.10.8—14	青岛	全国健美操锦标赛
31	2008.12.24—28	上海	全国健美操冠军赛
32	2009.11.4—11	珠海	全国健美操锦标赛
33	2009.12.15—22	北京	全国健美操冠军赛
34	2010.10.15—22	无锡	全国健美操锦标赛暨世界大学生运动会选拔赛
35	2010	北京	全国健美操冠军赛

(续表)

次	时间	地点	比赛名称
36	2011.6.11—18	深圳	全国健美操锦标赛暨世界大学生运动会健美操测试赛
37	2011.11.18—28	贵阳	全国健美操冠军赛
38	2012.7.16—23	威海	全国健美操锦标赛
39	2012.11.5—11	温州	全国健美操冠军赛
40	2013.7.10—15	泰安	全国健美操锦标赛
41	2013.10.19—25	温州	全国健美操冠军赛
42	2014.6.12—29	浙江	全国健美操锦标赛
43	2014.11.30—12.7	福建	全国健美操冠军赛
44	2015.8.19—28	福建	全国健美操锦标赛
45	2015.11.25—29	山东	全国健美操冠军赛暨联赛总决赛
46	2016.7.16—22	山东	全国健美操锦标赛
47	2016.10.15—22	浙江	全国健美操冠军赛
48	2017.7.9—15	浙江	全国健美操锦标赛
49	2017.11.12—22	福建	全国健美操冠军赛

二、国际健美操运动的发展概况

（一）健身操舞运动的产生与发展

在19世纪，欧洲先后在德国、瑞典、丹麦和捷克出现了各种体操学派，对人体的健美锻炼都有独特的论述和实践。德国人斯皮斯（1760—1858）富有音乐天赋，他把体操从社会上引入学校，他的体操是在音乐伴奏下进行的。瑞典体操家林氏（1776—1839），首先提出健美体操是体操的一类，他认为健美体操是以表现人的思想感情为目的的体操。林氏体操强调身体各部位及身心协调发展，培养健美的体态，促进身体健康。瑞典体操引起当时许多国家的重视，并传入英、法、美、丹麦等国家。丹麦体操的创始人纳奇蒂盖尔（1777—1847），传播和修改了德国和瑞典体操。丹麦体操家布克创建了"基本体操",他把体操动作分成若干类,有身体各部位的动作,有发展身体各种素质的动作,有男女老少都适宜做的各种体操动作。德国、瑞典、丹麦体操体系的形成和发展,为现代健美体操的发展奠定了基础。古希腊人对人体健美的崇尚,在世界上是罕见的。早在2400年前,古希腊雕刻家米隆就塑造了一个显示男子健与美的典型——"掷铁饼者"。爱神维纳斯是当时希腊人最理想的女子健美楷模。古希腊人喜爱采用跑、跳、投、掷、柔软体操、健身舞等各种各样的体育项目进行人体造型美的锻炼,他们提出"体操锻炼身体,音乐陶冶精神"的主张,这种把体操与音乐相结合的主张,是现代健美操发展的重要因素。

  印度的"瑜伽功"也是东方健身、健美的一颗明珠,它通过呼吸功、动态功、静态功调节人体机制,健康身心,健美身体,延年益寿。

  近几十年来,随着遍及全球的健身热和娱乐体育的发展,健美操风靡世界。特别是20世纪80年代以来,健美操以其强大的生命力,在世界范围内迅猛开展起来。十几年前,美国的健美操领先发展,兴起了健身操、健身舞,逐步发展到爱洛别克(Aerobic)有氧体操。

  健美操的发展是近30年来的事,有理由认为健美操首先是在美国兴起的。1968年,美国太空总署的医生库帕博士把健美操列入太空人的体能训练内容,宇航员第一次登月成功所引起的轰动效应,也使健美操像太空服装、太空食物、太空饮料一样不胫而走,像太空物质产品不可避免因商业利益驱动一样大肆炒作。好莱坞著名影星简·方达的《简·方达健美操》又对健美操的推广与普及起到了巨大作用。这本书自1981年首发以来,一直畅销不衰,并被翻译成20多种文字,在世界30多个国家发行,版权与稿费收入远远高于美国总统退职后的回忆录。她以自己为了追求人体美,多年来采用节食、饥饿、药物减肥而使身体虚弱和用健美操来恢复保持身体康健、体态苗条的成功经验来提倡健美操。

  简·方达的《简·方达健美操》也跨越大西洋风靡英伦三岛及欧洲大陆。据报道,1984年英国大约有270万人每天清晨打开电视机学做健美操,同一时期法国有400万人参加了健美操中心活动。每个星期日上午,成百上千户的法国人都跟着电视节目做一小时健美操。西班牙1983年最受欢迎的一个电视节目是年轻健美教师埃娃·纳雷主持的《健与美》节目,当时有成千上万的西班牙人在电视前学做健美操。

除美国及欧洲外，健美操在亚洲经济发达的国家及地区迅速开展起来。日本的韵律体操家佐藤正子在1980年开设了韵律操学校。1984年首届远东地区健美操大赛在日本举行。1987年日本成立了健美操协会。同一时间，健美操也风行于新加坡，对于赶时髦、追时尚的妇女来讲，健美操也成了苗条身材的代名词。在香港，不仅健身中心开设健美操课程，一些美容院也开设健美操课程。总之，西风东渐，健美操的发展令人振奋。苏联国家体委专门组织了多次学习班，培养教练与指导员，并利用当时举国体制的优势，把健美操列入大、中、小学的教学大纲，不论它的结果如何，纳入学校教学内容应当予以肯定。

（二）竞技健美操的产生与发展

健美操作为一项群众性体育运动，只有比赛才能使其成为一个真正的体育项目。现在较大的国际赛事包括由国际体操联合会（FIG）举办的健美操世界锦标赛，由国际健美操冠军联合会（ANAC）举办的世界健美操冠军赛。

为了使健美操运动在世界发展和普及，扩大健美操在世界范围的影响，提高运动技术水平，1983年成立了国际健美操联合会（IAF），总部设在日本，会员国近30个。竞技健美操的首次国际比赛是由IAF在1983年举办的第1届国际健美操比赛，近百名运动员参加比赛。1998年的比赛还增加了少儿健美操比赛，有34个国家参加比赛，运动员人数达200多人。

国际健美操冠军联合会（ANAC）成立于1990年，总部设在美国，每年举办ANAC世界健美操冠军赛。

1994年，健美操被国际体操联合会（FIG）接受为正式的比赛项目。从1995年开始，FIG每年举办国际体联健美操世界锦标赛，到目前已举办过10届，每届均有40多个国家、百名以上的运动员参赛。后经规则修订，从2000年起，每逢双数年举办一次世界锦标赛。由于国际体操联合会健美操委员会（FIG）是国际奥委会正式承认的国际体育组织，具有悠久的历史，由它提出的"健美操进入奥运会"的目标，得到了世界各国健美操组织的支持与信任，也只有国际体操联合会健美操委员会能担当起把健美操带入奥运会的重任。

除此以外，各个健美操国际组织也单独或联合举办各种世界健美操巡回赛和大奖赛，以扩大健美操运动在世界范围的影响。各种国际比赛的参赛人数呈逐年增多的趋势。这些都表明竞技健美操发展很快，是一个很有生命力的竞技体育项目。

表1-2 历届世界健美操锦标赛

届	时间	地点	我国比赛成绩
第1届	1995.12	法国巴黎	参加
第2届	1996	荷兰海牙	未参加
第3届	1997	澳大利亚悉尼	
第4届	1998.5	意大利卡塔尼亚	三人操第15名
第5届	1999	德国汉诺威	参加
第6届	2000	法国	
第7届	2002.7	立陶宛卡拉潘达	三人操第7名、团体操第7名
第8届	2004.6	保加利亚索非亚	六人操第3名
第9届	2006.6	中国江苏南京	六人操第1名、男子单人第1名、女子单人第2名、三人操第2名、混合双人操第5名和第8名
第10届	2008.4	德国斯图加特	团体赛亚军，六人操第1名，三人操银牌，男子单人操季军、女单第5名
第8届世界运动会	2009.7	中国台湾	六人操金牌，三人操银牌和女子单人操、混合双人操铜牌
第11届	2010.6	法国	三人操金牌，六人操铜牌，男单第5名，女单第5名，混合双人操未进入决赛
第12届	2012.5	保加利亚索非亚	团体季军，三人操、六人操、有氧舞蹈、有氧踏板金牌，男单铜牌，混合双人操第4名
第13届	2014.6	墨西哥坎昆	团体季军，三人操、有氧舞蹈、有氧踏板金牌，女单银牌，五人操铜牌，混合双人操第6名，男单第10名
第14届	2016.6.17—19	韩国仁川	团体冠军，五人操金牌，女单、有氧舞蹈、有氧踏板银牌，混合双人操铜牌

第四节 健美操的发展趋势

一、健身操舞的发展趋势

（一）社会需求将推动着健身操舞持续快速地发展

随着人民生活水平的提高，人们闲暇时间增多，健康意识不断增强，参与运动的概率大大提高，健身操舞成为人们追求健康、把握时尚首选的运动方式之一，而且经过实践检验，经久不衰。

另外，健身俱乐部是以健身服务为目的的，为大众提供商业性健身设施与活动场所，依靠市场机制和利益机制运转的一种服务性行业。在诸多体育运动项目进军体育健身娱乐市场的竞争中，健身操舞也被市场化地打造和包装，进行了广泛的宣传和传播，使其有着广阔的前景和持续发展的强大趋势。

（二）健身操舞的内容和形式日趋多元化

在以健身俱乐部为载体的发展平台中，为更大化地把握商机，吸引更多的人参与，健身操舞的种类和练习形式呈多元化发展趋势，通过引进、结合其他流行项目的方式产生了许多练习形式，如健身踏板、健身球操、健身杠铃、健身蹦床、搏击健美操、拉丁健美操、瑜伽健美操、街舞健美操、莱美健美操、有氧舞蹈等，这样不同年龄、性别、性格、身体状况、健康水平以及爱好的健身者都可以选择一项适合自己的练习方式。

（三）健身操舞运动与科研的结合将不断提高

健身操舞运动的首要问题就是安全、科学，这也是人们参与任何一项运动的前提。为保障健身操舞的锻炼效果，对不同体质人群的测定和不同年龄阶段的最佳心率范围的研究可提供科学有效的运动处方。对于不同的教学内容选择不同的教学方法、对运动强度更加有效的控制和合理的分布等一系列的研究都有助于减少运动损伤、愉悦身心，达到有效的健身效果。

现代社会是一个信息化社会，全世界范围内广泛的信息交流，促进了健身操舞更加快速地发展。近年来为适应市场，我国各大俱乐部快速地引进健身操舞，开拓了健身操舞的市场。但是，未经科学的检验盲目地引进，也会对健身者的健康造成一定的影响。环顾近几年来有关健身操舞的科研论文，数量较少，这更加提醒我们应该结合中国人的体质和特点科学地开展这方面的研究。

二、竞技健美操的发展趋势

2017—2020年新规则的出现，对竞技健美操的发展方向竖起了一座新的指路标。

（一）艺术分评判的量化和编排目标的明确是竞技健美操编排的重点

竞技健美操是一项艺术性极高并要求不断创新的运动项目。2017—2020新规则中，艺术分由音乐与乐感、操化内容、主体内容、空间利用、艺术性5个部分组成。新规则评分标准的修改，更有利于艺术裁判的评分，使得艺术裁判的评分更加公平公正。在过去的规则里面，由于缺少对操化内容和主体内容的评分进行客观的量化的指标，因此在评分过程中裁判只能靠主观的判断给予"模糊"的评分，容易影响到比赛成绩的客观性。2017版规则详细地列出了操化内容与主体内容的评分标准，使操化内容和主体内容的艺术评分更为细致具体和客观化，而且在评分尺度上更易于裁判把握和量化，运动员们更能明确编排目标，更易于展示和评判竞技健美操的艺术价值。

（二）完美完成是竞技健美操项目走向高规格的有力保障

竞技健美操运动员想要在比赛中获得优秀的成绩，除了多元化新颖的编排和高分值的难度以外，最重要的制胜法宝就是高规格的成套完成质量。只有高质量地完成，才能使比赛成套完完整整、淋漓尽致地展现在世人面前。随着竞技健美操完成分评价体系在规则中不断地被强化完善，评判完成分的标准评价体系也日益完善。这些体系的完善进一步促进评价的客观化，减少了评判的主观性，使竞赛过程更加公平透明。这些都可以看到完成分的评价体系日益精确，能更准确地为今后的评分工作提供评判依据。从项目发展的角度来说，这些愈加完善的客观评分体系能促进教练员、运动员更加注重对规则的理解，从而促使运动员的动作技术更加规范，并引导竞技健美操技术动作的进一步提升，同时进一步提高了竞技健美操的艺术价值和观赏性。

（三）场地和难度加大，为运动员提供了更好的发挥空间

新规则对比赛场地空间运用进行了较大的调整。除国际年龄组部分项目以外的所有比赛项目，均在10×10平方米的场地中进行。空间的加大无疑对运动员的整体素质提出了更高的要求。新规则导向下，难度动作组合朝多样化发展。难度动作是竞技健美操成套动作中极其重要的一部分，而高质量地展示高分值的难度组合，是对参赛者身体极限的挑战，也是新版规则修改的亮点之一。集体性项目难度减少至9个，取消4个组别必须选择一个的规定，并且增加了新类型的难度动作，运动员可以根据自己的实力合理选择难度组合的数量，尽量达到高难与完美的结合，拉大不同水平运动员之间的差距。为了得到更高分数，在日常训练中应更加注重运动员身体素质和竞技水平的发展，创编更多的难度组合赢取比赛中的加分，这给高水平运动员提供了更大的发挥空间。

（四）托举动作的增值，为高水平运动员提供了更好的展示平台

托举动作是完成竞技健美操成套动作的基础，是竞技健美操中不可或缺的重要因素，因此每次规则的变化，都会对托举动作做出相应的规定，引导托举动作的正确发展。在过去出台的所有规则版本中，与同伴配合离开地面就算做一次托举且不计算分数，然而简单的托举动作已经跟不上竞技健美操项目发展的要求。在2017版规则中，要求运动员完成1次肩部以上的高位托举。由托举中出现的空间层次、旋转、腾空等计算分数，满分为1.0分。此分数由裁判长直接给出，将不被2除，好的托举得分堪比两个高分值的难度。可见新规则中托举已经占有相当重要的地位。

第二章　健美操术语

第一节　健美操术语概述

术语是专门学科的专门术语，是在特定学科领域用来表示概念的称谓的集合，是通过语言或文字来表达或限定科学概念的约定性语言符号。在科学技术飞速发展的现代社会，术语的标准化、规范化、系统化具有更加明显的现实意义，可以说"术语是科学文化发展的必然产物"。

一、健美操术语的概念

健美操术语是用来描述健美操理论和动作技术的专门用语。它是以简明扼要的专有词汇，准确而又形象地反映出健美操的动作名称、动作形式、技术特征和技术过程的语言表述，是进行教学、训练、竞赛、科研等工作必不可少的交流和认识工具。

二、健美操术语的特征

健美操术语是健美操专业理论与实践活动的统一技术用语，一般使用语言中已有的词汇，按语法规则构成，便于书写、学习、交流、运用和推广。随着健美操这项运动的不断发展进步，新概念大量地涌现，相关的术语越来越多，究其意，术语在实践中具有下列特征。

（一）统一性

统一性是指健美操术语必须正规、一致。健美操术语作为一种交流专业知识的工具，在教学、训练中无论是讲述动作要领、交流训练体会、制订教学训练计划，还是编写教学大纲、进度、教材、教案以及进行科研等活动，都需要运用术语，这就要求所用术语必须是统一的，并且是规范化的。

（二）科学性

科学性是指健美操术语必须准确、严谨。健美操术语既能正确地反映动作的基本形态，又能形象地描述动作的基本特征，是对所述动作技术的外在和内在形态的一种认识和理解，能促进动作技能的形成，这就要求所用的术语应具有较严格的逻辑性和科学性。

（三）单义性

单义性是指健美操术语只能在健美操这项运动的领域内使用，即在这一特定专业范围内是单义的，这是术语和一般词汇的最大不同点。

（四）系统性

系统性是指健美操术语是具有一定组合和聚合关系的规则系统。根据健美操运动的特征，无论是理论知识还是专业技术技能，都有一定的内部结构关系，必须广角度和分层次去描述，系统地运用术语有助于进一步建立动作概念，理解动作性质，所以，健美操术语必须是有一定组织系统的。

（五）实践性

实践性是指健美操术语必须通俗达意、简洁清晰。健美操运动的广泛性决定了健美操术语运用的普遍性及使用人群，不仅有广大的教师和学生、教练员和运动员，还包括众多的健美操爱好者。因此，术语的选词就必须通俗、易懂，以利于健美操运动的开展。

三、健美操术语确立的基本要求

健美操术语是与健美操运动同步发展起来的，同时，也是从各相关的项目中借鉴、引申和发展而来的。它是专业理论与技术实践活动中反映客观存在的运动形式和技术特征的交通工具。在其创立和运用中应遵循下列基本要求。

（一）准确

指健美操术语的用词力求准确、严谨、形象，能准确地反映动作的本质特征及动作过程。

（二）简练

指所形成术语的概念或动作名称的词语应简明扼要、描述精练，反映出术语最本质的特性。

（三）易懂

指健美操术语应通俗易懂、简单明了、便于理解、便于记录、易为人们所接受。

（四）组合

指健美操术语要求按其规定的形式和顺序进行组合，以此形成各种动作的术语名称。

（五）适用

指所用的概念和动作名称既要符合我国当前的习惯，又要与国际用语相一致，要经得起实践的考验，不会因为实践和地区的改变而改变，这样更有利于术语的推广应用和国际交流。

四、健美操术语的产生与发展

健美操术语是伴随着健美操这项运动的不断改革与创新而逐渐丰富和发展起来的。健美操术语是健美操理论与技术技能的媒介，具有其独特的产生与发展过程。

（一）健美操术语的产生

健美操是一项新兴的体育运动项目，起源于20世纪50—60年代的欧美国家，80年代传入我国。20多年来，健美操运动在我国迅速发展，参与的人群也越来越多，或是以大众健身的方式，或是以竞技比赛的形式。随着健美操运动的快速发展，健美操术语便应运而生。

20世纪80年代，健美操刚刚进入我国，只有简单的规定操化动作、难度动作和不完善的竞赛规则，健美操术语处于初步形成阶段，不够全面，存在较大的欠缺。1999年我国与国际接轨后，鉴于国际竞赛规则周期性制订，中国健美操协会选派裁判员参加国际体操联合会组织的裁判员培训班，参与一些国际级健美操赛事的裁判员工作，与国际体操联合会保持密切联系，互相学习与交流，不断地规范和完善我国健美操术语的发展。

（二）健美操术语的发展

竞赛是将健美操运动项目推向发展高峰最直接有效的方式，是健美操专业术语创新的途径之一。自1994年正式加入国际体操联合会以来，在国际体操联合会的领导下，定期举办世界健美操锦标赛。世界最高水平的竞技健美操赛事推动了国际健美操整体技术水平的提升，新的难度动作不断涌现，新的动作术语也应运而生，并在国内外比赛中不断地得到扩充和规范。

健美操术语是健美操信息交流的媒介，它的发展离不开国际体操联合会健美操技术委员会颁布的《竞技健美操竞赛规则》。通过与国际组织进行技术交流和学习，引进了大量的健美操最新动作和术语，使我国健美操取得了很大的进步。自2000年以来，我国推出了《竞技健美操运动员技术等级规定动作》《全国健美操大众锻炼标准》和《全民健身操等级推广规定动作》等，促进了健美操专业术语的不断普及和完善。在经历了学习、探索、钻研的发展历程之后，我国的健美操事业于2005年首次登上了最高点，同时也推动了我国竞技健美操术语的发展。

虽然健美操在我国起步较晚，但并没有影响到健美操的普及。1986年，北京体育学院第一部《健美操》教材出版。此后诸多的健美操教材相继出版，健美操术语作为健美操理论与实践的媒介跃然纸上，使得我国健美操的技术理论在历年的编写中得到规范和普及，并逐步趋于科学化。在数字生活化的今天，网络的多元化可以让人们更加便捷地获取各种相关的健美操资料，这对健美操术语的科学化起到了极大的促进作用，使得健美操术语正朝着科学、规范的方向发展。

五、健美操术语的功能与作用

健美操术语是随着健美操内容的更新、健美操难度技术动作的创新和健美操理论研究水平的提高而不断变化和发展的，它的发展与健美操项目的发展是一种相辅相成的关系。健美操术语的正确运用，对健美操教学、训练的进行，技术、技能的提高，健美操项目的普及推广，竞赛、科研活动的开展，以及理论知识的丰富和完善都具有举足轻重的作用。

（一）提高健美操教学与训练的整体效果

健美操课的特点是以动作的讲解与练习为主，正确地运用术语，可规范教师或教练员的课堂语言，使学生或运动员准确地理解教师所想表达的意思，进一步理解和掌握动作的要领，形成和提高动作技能，同时也可以减少教师或教练员对动作、队形等授课内容的讲解时间，确保学生或运动员有更多的练习时间，从而使教师（教练员）和学生（运动员）更好地进行交流和学习，促进健美操教与学过程的顺利开展，提高教学与训练效果。

（二）确保健美操赛事与活动的顺利开展

随着人们生活水平的提高，人们对健身项目的需求越来越强烈，无论是以健身娱乐为目的的大众健身项目，还是以取得名次为目的的竞赛项目，都日益丰富和完善。这样一来，健美操成套的动作的记写，就显得尤为重要，在记写动作时使用术语更是重中之重。因为术语可以清晰地反映每一个动作的特征，把相似动作准确地区别开来，有助于运动技能的形成和表达。在各级健美操竞赛中，尤其是竞技健美操比赛中，裁判员除了要使用符号来记录操化动作，还要记录各组别的难度动作、动力性配合、托举、过渡与连接等，这样一来，术语的准确和规范在某种程度上有助于体现竞技比赛的公平性，使得各级竞技活动得以顺利进行。

（三）推动健美操运动项目的完善和发展

"准确、简练、易懂"是健美操术语确立的要求，其中准确性是最基本的要求。教师日常教学中编写教案、教材及相关专业的书籍，发表科研论文等的用语必须精准和专业，因此规范地使用健美操术语，可以丰富健美操学科理论知识，促进科研工作的开展。由于术语具有国际性，规范的健美操术语对于国内外的交流以及健美操技术的发展起着桥梁和纽带的作用，不断推动着健美操项目的完善和发展。

第二节　健美操基本术语

完整的健美操术语一般由基本术语和专门术语构成。基本术语用来说明健美操场地基本方位、动作方向和路线、动作之间相互关系、动作做法及动作表现形式等，是健美操术语中最基本的内容，也是健美操专门术语的基础。

一、场地的基本方位术语

健美操的教学与训练需要场地的支持。在健美操学练的过程中，一切动作必须在恰当的方向和位置上才能准确地表现出来，学习者面向哪个方向、脚站在哪个位置、眼看哪里，都有严格的要求。所以，为了表明人的身体在场地上所处的方位，可借鉴舞蹈中基本方位的术语，它是用以规范练习者面向、走向的专业术语。人的平面方位，一般以练习者自己身体的正前方为标准，每向右转45°为一个方向，共分8个方向，如图2-1所示。

即场地正前为第一方位→"1点"；右前、右旁、右后为第二、三、四方位→"2、3、4点"；正后为第五方位→"5点"；左后、左旁、左前为第六、七、八方位→"6、7、8点"。

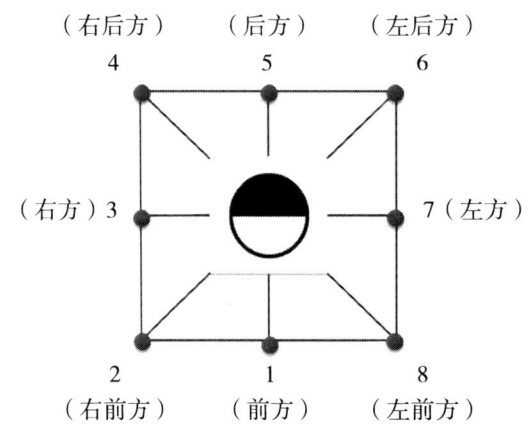

图2-1　场地基本方位分布图

二、动作方向术语

动作方向是指人体或人体某一部位运动的指向，它是根据人体站立时的空间位置来确定和构成健美操动作的方向。

（一）基本方向

基本方向是指与人体基本平面平行或垂直的指向，一般以人体的站立位来确定。可分为前、后、左、右、上、下6个基本方向，如图2-2所示。

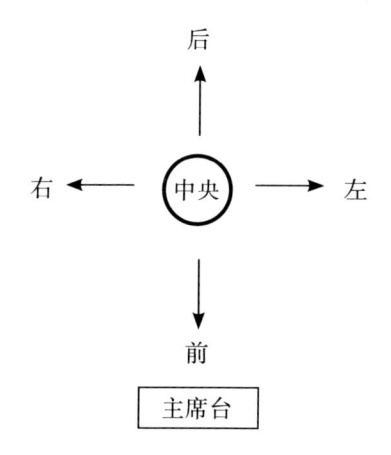

图2-2 人体运动的基本方向示意图

前：是指人体胸部所对的方向。　　后：是指人体背部所对的方向。
左：是指人体左肩所对的方向。　　右：是指人体右肩所对的方向。
上：是指人体头顶所对的方向。　　下：是指人体脚底所对的方向。

（二）中间方向

中间方向是指两个互成90°的基本方向之间的方向，它与基本方向成45°角，其名称是由两个基本方向名称组合而成。以上肢为例，如图2-3所示。

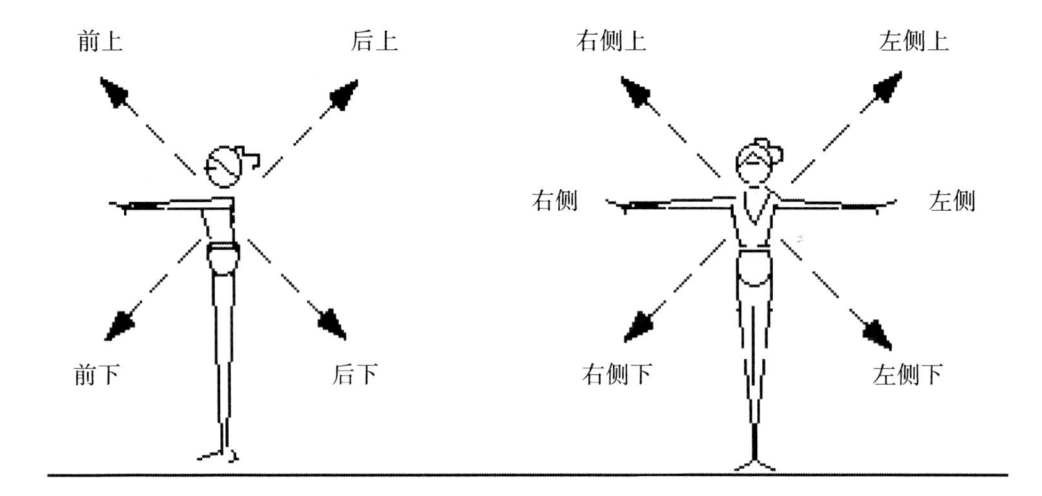

图2-3　人运动的中间方向示意图

前上：是指人体臂前举与臂上举之间45°的方向。

前下：是指人体臂前举与臂下垂之间45°的方向。

后上：是指人体臂后举与臂上举之间45°的方向。

后下：是指人体臂后举与臂下垂之间45°的方向。

侧上：是指人体臂侧举与臂上举之间45°的方向。

侧下：是指人体臂侧举与臂下垂之间45°的方向。

侧后：是指人体臂侧举与臂后垂之间45°的方向。

（三）斜方向

斜方向是指3个相互呈90°的基本方向之间的方向，是由3个基本方向组合而成，也就是说在两个中间方向之间夹角为45°，如图2-4所示。

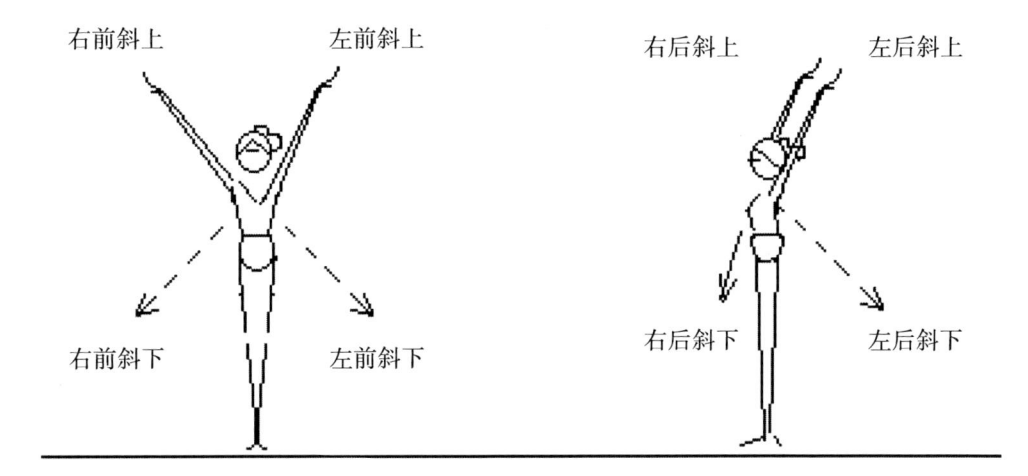

图2-4　人体上肢运动的斜方向示意图

前斜上：是指人体臂前上与侧上之间45°的方向。
前斜下：是指人体臂前下与侧下之间45°的方向。
后斜上：是指人体臂后上与侧上之间45°的方向。
后斜下：是指人体臂后下与侧下之间45°的方向。

（四）动作运动方向

动作运动方向是指身体及身体各部位运动的方向，一般根据人体直立时的基本方位来确定，如图2-5所示。

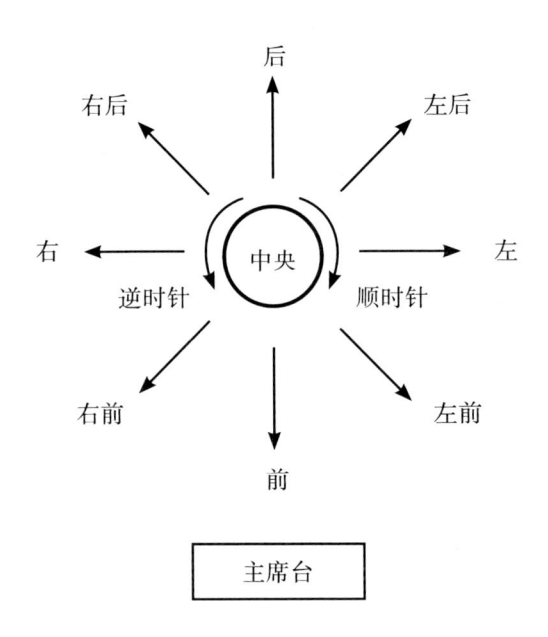

```
           后
 右后  ↖  ↑  ↗  左后
         
  右 ← 逆时针 中央 顺时针 → 左
         
 右前  ↙  ↓  ↘  左前
           前

         主席台
```

图2-5 人体动作运动方向示意图

向前：是指做动作时，向胸部所对的方向运动。

向后：是指做动作时，向背部所对的方向运动。

向上：是指做动作时，向头顶所对的方向运动。

向下：是指做动作时，向脚底所对的方向运动。

向侧：是指做动作时，向身体两侧的方向运动，包括向左侧和向右侧。

前侧：是指做动作时，向前和向侧的中间45°方向运动。包括左前侧和右前侧。

后侧：是指做动作时，向后和向侧的中间45°方向运动。包括左后侧和右后侧。

顺时针：是指做动作时，转动过程与时针运动方向相同。

逆时针：是指做动作时，转动过程与时针运动方向相反。

三、动作关系术语

（一）动作之间相互关系术语

健美操的动作之间的相互关系术语主要用来表示不同动作之间的关系，常见的健美操动作关系术语主要有以下几个。

同时：指身体不同部位（上肢和下肢）在同一时间完成指定动作。
依次：指身体不同部位（上肢和下肢）先后完成同一指定动作。
交替：不同肢体或不同动作反复进行。
同侧：指同一侧身体的上肢和下肢动作的配合。
异侧：指不同侧身体的上肢和下肢动作的配合。
同面：指上肢动作与下肢动作的运动面一致。
异面：指上肢动作与下肢动作的运动面不一致。
单侧：指只有一只手臂做动作或做一个方向的动作。
双侧：指双臂同时做同样的动作或下肢同时做同样的动作。
对称：指双臂同时做相同的动作或下肢依次做不同方向但相同的动作。
不对称：指两臂同时做不同的动作或下肢依次做不同的动作。

（二）动作连接术语

动作连接术语用于描述一个连续动作过程时，用来表达动作的先后顺序及关系，是表达动作间关系的术语。

由：指动作的开始。
经：指动作在做的过程中所经过的某一特定位置。
至：用以指明动作须到达的某一特定部位，是动作的结束。
接：指一个动作链接下一个动作，且两个单独动作之间强调要求连续完成。
成：用以指明动作应完成的结束姿势。

（三）运动轴与面之间相互术语

人体在运动时，各关节和环节都包含了轴与面的关系，如图2-6所示。

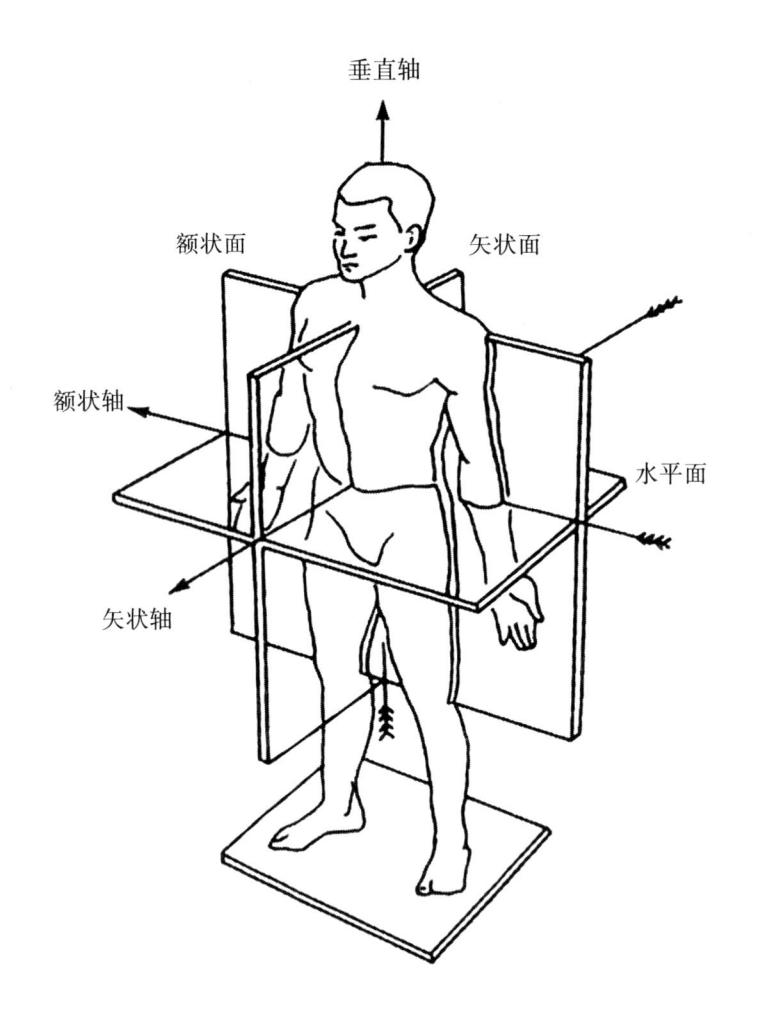

图2-6 人体运动的基本轴与面示意图

额状面：沿身体左右径所做的与水平面垂直的切面，也称冠状面。额状面将人体分为前后两半。

矢状面：沿身体前后径所做的与水平面垂直的切面。矢状面将人体分为左右两半，其中通过正中线的切面成为正中面。

水平面：横切身体，人体直立与地面平行的切面。水平面将人体分为上下两半。

额状轴：横贯身体，即左右平伸与水平面平行，垂直通过矢状面的轴，又称横轴或冠状轴。

矢状轴：前后贯穿身体，即前后平伸与水平面平行，垂直通过额状面的轴，又称前后轴。

垂直轴：纵贯身体，前后平伸与水平面平行，垂直通过水平面的轴，又称纵轴。

四、动作做法术语

动作做法是指描述动作运动形式或完成技术动作途径的方法，通过身体基本姿态和身体基本动作来呈现，是动作的组成部分。

（一）基本姿势术语

立：两腿站立的姿势。例如，并腿立、分腿立、提踵立、单腿立等。
蹲：两腿屈膝站立的姿势。例如，全蹲和半蹲。
跪：屈膝并以膝着地的姿势。例如，双腿跪立、单腿跪立、跪坐、跪撑等。
撑：手着地并承担身体重量的姿势。例如，俯撑、侧撑、仰撑、蹲撑、俯卧撑等。
坐：以臀部和腿部着地的姿势。例如，盘腿坐，分腿坐等。
卧：身体躺在地上的姿势。例如，仰卧、侧卧等。

（二）基本动作术语

1. 基本手型术语

掌：指手掌展开。例如，并掌、开掌、立掌、花掌等。
拳：指手指向掌心弯曲，拇指第一关节屈，且在外，成握拳。例如，半握拳等。
指：指一个手指、两个手指或三个手指伸直，其余手指屈握。例如，一指、剑指等。

2. 上肢动作

举：臂或腿由低向高地抬起并固定在某一部位上的姿势。
屈：使关节角度缩小的动作。例如，屈臂、屈肘等。
伸：使关节角度扩大的动作。
挺：一般指胸部或腹部向前展开。例如，挺胸等。
振：臂或上体做大幅度加速摆的动作。例如，振臂、振胸等。
沉：身体某部分放松向下的动作。例如，沉肩、沉胯等。
抬：头部以头部寰枕关节为轴做后伸运动。例如，抬头。

摆动：手臂在某一平面内，自然地由某一部位匀速运动到另一部位的动作。

绕环：指身体某一部位摆至180°以上、360°以内的动作。例如，臂绕环等。

交叉：两臂同时向内成重叠交错的姿势。例如，手臂交叉。

3. 下肢动作

抬：指以髋关节或踝关节为轴做上提运动。例如，抬腿、抬脚尖等。

踢：指一腿站立，另一腿做加速有力的摆动动作。例如，踢腿。

收：指向身体正中线靠拢或还原到起始位置。例如，收腿等。

弓步：指一腿屈膝，另一腿伸直，身体重心在两腿之间的站立姿势。

点地：指一腿伸直或屈膝站立，另一腿脚尖或脚跟触地的姿势，身体重心在主力腿上。

吸腿：指一腿站立，另一腿屈膝向上抬起的动作。

平衡：指一腿站立，另一腿抬起并保持一定时间的动作。

摆动：指腿在某一平面内，自然地由某一部位匀速运动到另一部位的动作。

交叉：指其中一条腿不动，另外一条腿向前或向后，或双腿同时向内成重叠交错的姿势。例如，交叉步。

弹动：指身体某一部位的关节有节奏地练习完成屈和伸的动作。例如，屈膝弹动等。

4. 躯干动作

屈：指脊柱在矢状面和额状面的角度减小。例如，前屈、侧屈等。

伸：指脊柱在矢状面和额状面的角度增大。例如，前伸、后伸等。

挺：指胸部或腹部向前展开。例如，挺胸、挺腹等。

转：指下肢固定、上体保持垂直轴不变时所做的转动。例如，向左转、向右转等。

振：指上体做大幅度的加速摆动，例如，前屈、侧屈、后屈的振动。

绕环：指脊柱沿着身体水平面所做的360°的圆周运动。例如，胸绕环等。

5.混合支撑动作

跪：屈膝并以膝着地的姿势。例如，双腿跪立、单腿跪立、跪坐、跪撑等。

坐：以臀部着地的姿势。例如，屈膝坐、并腿坐、分腿坐、半劈腿坐、盘腿坐等。

卧：身体躺在地上的姿势。例如，仰卧、侧卧、俯卧等。

撑：手着地并承担身体重量的姿势。例如，俯撑、侧撑、仰撑、蹲撑、俯卧撑等。

五、动作表现形式术语

动作表现形式术语是在健美操训练、表演和竞赛等实践中，用来强调动作效果和注意要点的词汇。

（一）弹性

指人体在完成健美操动作时，各关节自然地屈和伸，给人以轻松、自然的感觉。

（二）力度

指人体在完成健美操动作时，动作的用力强弱交替出现，通常以肢体的制动、控制技术来体现力度。

（三）节奏

指健美操音乐中交替出现的有规律的强弱、长短的现象，并存在一定的规律。

（四）幅度

指健美操动作展开的大小，幅度的大小与动作经过的轨迹的大小成正比。

（五）风格

指一套完整的健美操成品动作所表现的主要艺术特征和思想特点。

（六）表现力

指完成一定的健美操动作所具有的综合能力的特点。不仅表现为动作的完成干净、利落、巧妙，还表现出一定的思想内容。

（七）一致性

指运动员在完成动作时所表现出来的整齐划一的能力。

六、动作强度术语

健美操的动作强度术语是根据人体运动时脚接触地面身体所承受的冲击力大小来划分的，包括无冲击力动作、低冲击力动作和高冲击力动作3类。

（一）无冲击力动作

指两脚始终接触地面，身体重心在两脚之间，没有腾空动作。例如，双脚弹动、半蹲、弓步等。

（二）低冲击力动作

指由一只脚始终接触地面的动作。例如，踏步类动作、迈步类动作等。

（三）高冲击力动作

指动作的完成有腾空阶段，对身体有一定的冲击力。例如，双脚起跳类动作、单腿起跳类动作、后踢腿跑类动作等。

第三节　健美操专门术语

健美操专门术语是说明健美操动作性质类别的术语，包括健美操的基本步伐术语和难度动作术语，以及描述健美操相关内容的专有词汇。根据健美操的分类，健美操专门术语分为健身健美操术语和竞技健美操术语。

一、健身健美操基本步伐

健身健美操的基本步伐是根据地面对人体冲击力大小区分的。人体运动时对地面产生一定的作用力，而地面同时给予人体相应的反作用力，即"冲击力"。这种冲击力随着每一个动作自下而上通过人体向上传递并逐渐消失。

1. 基本步伐的冲击力动作可分为以下3类，如图2-7所示

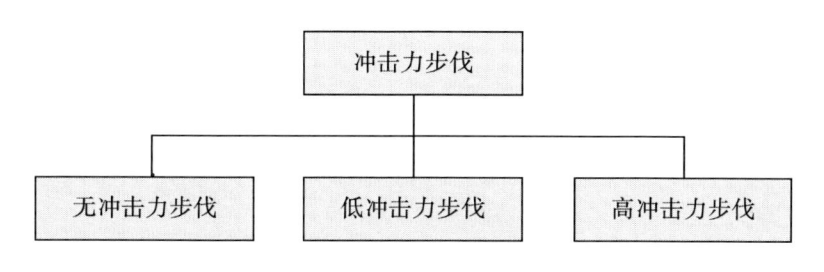

图2-7 冲击力步伐分类图

①无冲击力步伐：两脚接触地面的动作或不支撑体重的步伐。
②低冲击力步伐：有一只脚接触地面的步伐。
③高冲击力步伐：两只脚都离开地面，即有腾空的步伐。

2. 根据动作完成形式的不同，又可将基本步伐分为5类

①踏步类：两腿始终做依次交替落地的动作。
②迈步类：一腿先迈出一步，重心移到这条腿上，另一腿用脚跟、脚尖点地或吸腿、屈腿、踢腿等，然后向另一个方向迈步的动作。
③点地类：一腿屈膝站立，另一腿伸直，用脚尖或脚跟点地后还原到并腿位置的动作。
④抬腿类：一腿站立，另一腿抬起的动作。
⑤双腿类：双腿站立或跳起，身体重心在两腿之间的动作。

表2-1 健身健美操步伐术语

类别	高冲击力步伐 中文	高冲击力步伐 英文	低冲击力步伐 中文	低冲击力步伐 英文	无冲击力步伐 中文	无冲击力步伐 英文
踏步类	跑步 小马跳	jog pony	踏步 走步 一字步 十字步 曼步 桑巴步 恰恰步 V字步 A字步	march walk easy walk cross step mambo sambo cha cha V-step A-step		
迈步类	滑步 并步跳 小马跳 侧交叉步 迈步踢腿 迈步吸腿跳 迈步后屈腿跳	slide step jump pony grapevine step kick step knee step curl	并步 迈步点地 迈步吸腿 迈步后屈腿 侧交叉步	step touch step tap（heel） step knee step curl grapevine		
点地类			脚尖点地 脚跟点地	touch tap heel		
抬腿类	吸腿跳 摆腿跳 踢腿跳 弹踢腿跳 后屈腿跳 侧踹腿	knee lift leg lift kick flick leg curl side kick	吸腿 摆腿 踢腿	knee lift（up） leg lift kick		
双腿类	并腿跳 分腿跳 开合跳	jump squat jump jumping jack			弹动 半蹲 弓步 提踵 箭步蹲 侧弓步	spring squat lunge calf raise lunge lunge side

3. 健身健美操常用的基本步伐术语

①踏步：两腿依次交替抬起，依次落地的动作。
②并步：一脚迈出，另一脚随即并拢。
③迈步后屈腿：一脚迈出，另一腿后屈的动作。
④走步：向前或向后行进的动作。
⑤一字步：一脚向前一步，另一脚随即并于前脚，然后依次还原。
⑥V字步：一脚向前侧方一步，另一脚向另一方迈步成开立，然后两脚再依次退回原位。
⑦漫步：一脚向前一步，随即重心前移，另一脚稍抬起，然后原地落下。相反方向做亦可。
⑧跑步：两腿经腾空依次落地。
⑨侧交叉步：一脚向侧一步，另一脚在其后交叉，随即再向侧一步，另一脚再移动并拢。
⑩点地：一腿稍屈膝，另一腿伸出，用脚尖或脚跟点地的动作。
⑪吸腿：一腿屈膝抬起再落下还原。
⑫半蹲：两腿有控制地屈和伸。
⑬提踵：两脚脚跟抬起的动作。
⑭弓步：两腿分开，一腿稍屈膝，一腿伸直，重心可随之移动的动作。
⑮并腿跳：两腿并拢跳起。
⑯踢腿：一腿支撑站立，另一腿向上加速摆动的动作。

二、竞技健美操7种基本步伐

竞技健美操7种基本步伐包括：踏步、后踢腿跑、开合跳、吸腿跳、弓步跳、弹踢腿跳、踢腿跳。基本步伐是竞技健美操最为基础的组成部分，是竞技健美操的基石。

1. 踏步

两腿依次交替抬起（腿屈于体前，髋与膝保持弹动），依次落地的动作。

2. 后踢腿跑

摆动腿（小腿）最大限度地后屈向臀部，两腿经腾空依次交替落地。

3. 开合跳

双脚蹬地向外跳开落成左右开立（膝关节自然弯曲，髋关节自然向外展开），紧接着两腿跳回成并立的动作。

4. 吸腿跳

一腿蹬地跳起，另一腿屈膝向上抬起的动作，摆动腿表现出髋与膝的高程度弯曲，两关节最低要求为90°。

5. 弓步跳

两腿蹬地跳起成一腿屈膝，另一腿伸直落地的姿势，紧接着跳回成并立的动作。

6. 弹踢腿跳

起始动作为髋部伸展的后踢腿跑，膝踝后屈至臀部，然后向前下方踢腿，髋弯曲30°~45°，膝关节0°，完成一次弹踢腿。

7. 踢腿跳

一腿蹬地跳起，另一腿向上加速摆动的动作（直腿高踢，足跟最低达到肩的高度，接近145°）。

第四节 健美操难度动作术语

由国际体操联合会颁布的2017—2020年版新周期《竞技健美操竞赛规则》，把健美操的难度分为4个组别：A组→动力性力量动作，B组→静力性力量动作，C组→跳与跃类动作，D组→平衡与柔韧类动作。其中包括22个根命名动作术语，如表2-2所示。

表2-2 竞技健美操难度组别表

组别	根命组	根命名
A组 动力性力量动作	俯卧撑组 俯卧撑腾起组 支撑腾起组 旋腿组 直升机组	俯卧撑、文森俯卧撑 提臀起、分切 锐角腾起、反切 全旋、托马斯 直升机
B组 静力性力量动作	支撑组 锐角支撑组 水平支撑组	分腿支撑、直角支撑 高直角支撑、锐角支撑 文森支撑、水平支撑
C组 跳与跃类动作	直体跳组 水平跳组 屈腿跳组 屈体跳组 分腿跳组 劈腿跳组 剪式变身跳组 剪踢组 水平旋组 旋子组	空转、自由倒地 给纳 团身跳、科萨克跳 屈体跳 分腿跳、横劈腿跳 纵劈腿跳、交换腿跳 剪式变身跳 剪踢 水平旋 旋子
D组 平衡与柔韧类动作	劈腿组 转体组 平衡转体组 依柳辛组 踢腿组	纵劈腿、横劈腿 单足转体、水平控腿转体 搬腿转体 依柳辛 高踢腿

第五节　健美操术语的运用

健美操术语是进行健美操教学、训练、竞赛、科研等工作必不可少的交流载体，它有助于健美操学科的实践和同步开创更深、更广的认识领域。正确地运用健美操术语，对提高教学效果、掌握运动技能、开展竞赛活动、促进科学研究等都有重要的实际意义。

一、健美操术语构成的形式

健美操术语是用来描述健美操动作和技术的专门用语。健美操术语构成有以下几种形式。

（一）学名

学名是动作基本术语所组成的名称，是具有规范性、统一性、广泛性的动作名称术语，具有准确、组合、针对性的特点。一般用于正式的图书、教材和文件之中。

（二）简称

简称是把一个相对烦琐、较长的学名，简化成一种动作名称，具有形象、简练的特点。可根据动作完成的特点和表现形式等来命名，如劈叉跳（交换腿）。

（三）俗称

俗称是目前广泛流行并基本定型或大众通用的名称，包括从其他项目借鉴而来的名称。具有简短、通俗、易理解的特点，如提臀起，俗称A跳。

（四）命名

命名是用动作创始人的姓名或国家所命名的动作名称，一般是在重大的国际比赛中，第一次成功完成的创新性难度动作，如托马斯、给纳。

二、健美操术语的结构

描述健美操动作应包括以下4个方面的术语：

（一）动作部位

指完成动作时身体的各部位。如头、肩、臂、腿等。

（二）动作方向

指完成动作时身体运动的方向及路线。

（三）动作性质

指身体动作的类型。

（四）结束姿势

指动作完成时所形成的身体姿态或造型。

三、健美操记写方法及要求

（一）记写方法

1. 文字完整记写法

按照动作节拍，根据术语的记写要求，用文字准确、详细地说明动作具体方法的记写形式。一般用于编写教材、等级动作、等级大纲、锻炼标准等。这种方法较为复杂，但描述准确性高。使用文字记写法描述动作时，要按照一定的规律自上而下，按照时间先后顺序进行描述。以1×8拍的踏板操动作记写为例。

预备姿势：面向1点方向，自然站立。

第1拍：右脚右斜方45°上板。两臂前平举，双手握拳，拳心向下。

第2拍：左脚后屈腿，两臂屈肘收于腰间，双手握拳，拳心向上，面向2点方向。

第3拍：左脚下板，两臂前平举，双手握拳，面向3点方向。

第4拍：右脚后屈腿，两臂屈肘收于腰间，双手握拳，面向4点方向。

第5拍：右脚向右迈步，两臂前平举，双手握拳，面向5点方向。

第6拍：左脚后屈腿，两臂屈肘收于腰间，双手握拳，面向6点方向。

第7拍：左脚向左迈步，两臂前平举，双手握拳，转体135°，面向1点方向。

第8拍：右脚后屈腿，两臂屈肘收于腰间，双手握拳，转体135°，面向4点方向。

2. 文字缩写法

按照动作节拍，用文字简要说明动作的主要做法的记写形式。常常用于编写教案。记写语言精确、规范、直观。对于动作的描述清晰、准确、直观，但不啰嗦不重复。文字缩写法在正式的出版物中一般与动作插图一起使用，比较直观和准确。下面以1×8拍的排舞动作记写为例。

预备姿势：面向12点方向，自然站立。

第1~2拍　左脚侧摇摆步。

第3~4拍　踢换脚。

第5~6拍　海岸步，面向1：30分方向。

第7拍　右腿向侧后方迈步。

第8拍　左脚上步同时向右转体，面向6点方向。

3. 简化记写法

按照动作顺序，用动作名称和完成数量来记写动作的方法。一般多用于记写健身操组合动作。如：

2次交叉步　1×8拍。

2次侧并步　1×8拍。

2次V字步　1×8拍。

4. 绘图法

绘图法可分为双线条绘图法和单线条绘图法，如表2-3所示。

表2-3 绘图法的分类

名称	分类	优点	缺点	运用领域
绘图法	双线条绘图法	从视觉效果上更贴近于照片，能清晰、立体地勾画出人体完成动作时的外部形态，服饰及头部具体形态	对绘图者的美术功底要求较高，不易普及	专业教材等
	单线条绘图法	简单易学，直观再现人体完成动作时的动作和运动轨迹		记录动作、编写教案等

由表2-3可知，双线条绘图法一般用于编写教材、等级大纲等，如图2-8所示徒手完成动作记写。而单线条绘图法则用于记写动作、编写教案等，在健美操教学、训练中应用非常广泛。它是按照动作节拍，用动作图示的形式说明动作的方法，具有直观、方便的效果，如图2-9所示，手持彩旗完成的1×8拍动作。

图2-8 双线条动作图示例

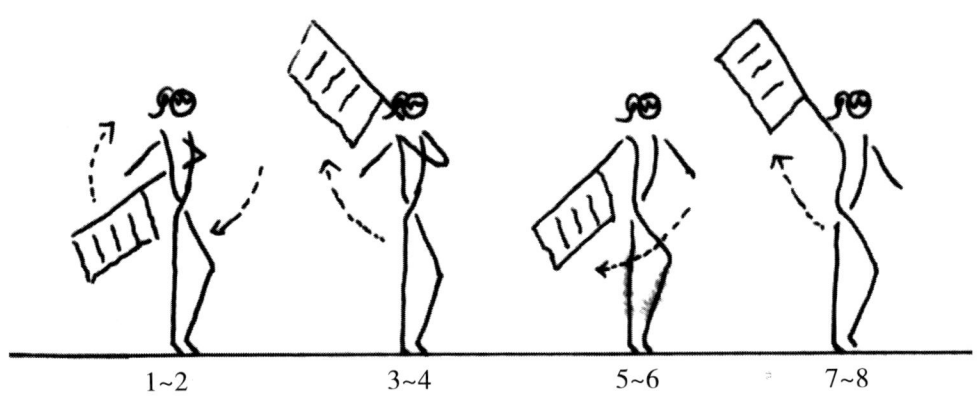

图2-9　单线条动作图示例

5. 表格记写法

表格记写法是采用表格的形式，分别对动作的步伐、手臂、手型、方向等进行记写的方法，一般常用于记写操化动作，如表2-4所示。

表2-4　表格记写法示例

拍节			一	二	三	四
照片						
动作描述	步伐			后交叉步（右）7		吸腿跳（左）
	手臂	左	前平举	上举	侧平举	前平举
		右				上举
	手型	左	握掌		并掌	开掌
		右				
	面向		7			
	头		7			

（续表）

拍节			五	六	七	八
动作描述	照片					
	步伐		后屈腿（右）	弹踢腿1	弓步跳1	
	手臂	左	胸前平屈	侧下举	胸前交叉	侧下举
		右	侧平举	叉腰		
	手型	左	握拳	并掌	握拳	并掌
		右				
	面向		1		1	
	头		1		1	

（二）记写要求及注意事项

①在运用健美操术语描述和记写动作时，通常应包括预备姿势、动作部位、动作形态、动作方向、动作做法、动作数量、动作相互关系和结束姿势几部分，都是记写完整术语中不可以省略的重要部分。

②记写单拍动作时，要按照腿→臂→手型→躯干→头的顺序来写。

③记写组合动作时，通常只写第一个动作的预备姿势，然后按照动作的节拍顺序依次记写各个动作的做法，最后只写结束动作的姿势。如果后面的动作与前面的动作做法相同，后面的动作方法可以省略不写。例如，3~4同1~2。如果后面的动作与前面的动作方法一样但是方向相反，则要指出。例如，5~8拍同1~4拍动作，方向相反。

④记写动作时要特别注意身体各部位动作的时间顺序，正确地运用动作相互关系术语。

49

第三章 健美操课程优化研究

第一节 健美操课程优化的必要性

一、健美操课程优化的理论基础

早在20世纪80年代前后，巴班斯基就很系统地提出了教学过程最优化理论，这是最早的教学内容优化思想。巴班斯基认为在设计每一个具体的教学内容时，有两必须、一考虑、一根据需要遵循。"两必须"即为了提高学生的学习效率和节省教学的时间，必须突出教学内容中的主体因素，必须符合教学中教育、教养和发展的目的与任务；"一考虑"即要考虑相关联学科之间的联系，尽可能地补充添加最新、最前沿的内容，同时还要避免教学中的重复，浪费学生的宝贵学习时间，应互相协调课程教授内容；"一根据"即要根据班级与班级之间、学生与学生之间存在的差距，以及他们各自的特色，在教学大纲规定的学时内完成适合自己分量的课程内容。因此，在选择教学内容时，教师必须要注意3点，一要夯实学生的理论、技术与技能基础，加强其延伸学习的能力；二要使健美操的课程更具备实用性，充分发挥国内课程的优势，并吸收国外课程发展的新成果；三要使我国健美操项目发展呈上升趋势，做到重点内容与延伸内容、经典内容与时尚内容的有机结合、和谐统一，使健美操课程成为体育教育专业中的一大特色项目。

二、健美操课程优化的基本要求

（一）基于学科发展的需求

自20世纪50年代末开始，国外结构主义课程论者就强调选择教学内容时要尊重学科知识的内在体系。人类基本上是通过学习知识，继承一代代文化遗产，由原始人发展成为21世纪具有高素质的文明人，而知识获得的主要途径是通过教师传授。因此，世界各国现如今都把学校课程的主要内容设置为学科知识，也是课程论研究的一个重点，学科的发展理论已经逐渐成为健美操课程教学内容优化的依据之一。

（二）基于学生整体发展及个性差异的需求

在爱好、智力、才能、志向、性格和适应能力等方面，每一个学生之间都存在着个体差异。所以在健美操课程教学内容选择时，学生的需求和发展应该作为一个考虑因素，尤其是有关学生的兴趣爱好、身心发展、自身需求等方面。如果在衡量学生的能力时用统一的标准，培养个性差别很大的学生时按同一模式，将会阻碍学生的个性发展，埋没部分学生的特长。

在制订大纲设计教学内容时，应考虑如何才能使学生在学习理论知识和运动技能时达到最佳的学习效果，并使他们从心底认同这门课程，更加努力地学习。但是当学生发现教师教授的内容不是他们所需求的，并对其不感兴趣，他们可能就会按部就班地按照学校设定的课程上课、考试，但很快就会将之忘光，到最后空手而归。因此在健美操课程改革及内容优化的过程中，其教学内容的深度、广度和难度必须考虑到学生身心发展的特点；在教授学生健美操的理论、技术和技能知识时，要灵活运用多种教学法，鼓励学生不断创新。

（三）基于社会发展的需求

作为健美操专项课程改革及内容优化的前提条件和外部动力，在不同的发展阶段，社会对健美操人才的需求标准也是不同的。所以，在健美操教学中一定要重视社会的价值取向，着重考虑到当下社会对健美操人才的需求方向，如若脱离了社会发展的需求，那么学生在步入社会后将不被社会所接纳。随着1995年《全民健身计划纲要》的颁布，国民健身的意识越来越强烈，广场上随处可见中青年妇女跟着美妙的音乐跳着广场舞，同时健身房也在我国以迅雷不及掩耳之势快速崛起。目前，有心人士对最受欢迎的十大体育项目进行了民意调查，健美操项目位居榜首。因此，在健美操人才的培养上，根据社会上对健美操人才的需求提出了更高的要求。参考健美操教学大纲可以看出，所有学校对学生培养的最终目标都是培养出适应社会的全面性合格人才，而教学内容的合理性直接反映了学生在步入社会后能否适应社会需求。健美操人才需求是一个动态的变化过程，所以在制订教学大纲时对其教学内容的选择必然要考虑社会的不断发展，并进行不断的改革和优化。因此，健美操专项课程内容的构建要随着社会对健美操人才的需求特征不断优化，重点培养学生各方面的实践能力，使学生在步入社会后能有立足之地，并成为对社会有贡献的人才。

三、当前健美操课程内容体系存在的弊端

当今时代是一个信息时代，一个互联网的时代。计算机的研发和普及，我们居住的地球变成了地球村。知识更新的速度之快、量之大，较以前发生了翻天覆地的变化，同时使新兴的健美操学科处于一个"机遇与挑战"并存的位置上。因为受到"体育教学以传授技术为主"这一思想的影响，很多学校在设置大纲时过于重视技术内容，而疏忽了理论和技能内容的重要性。通过对健美操专项的教学大纲进行比较分析，可发现大部分的技术内容所占比例非常大，几乎都在76%以上，而理论知识与技能内容的学时相对而言少之又少。学生对于健美操基本理论知识和技能的学习不深入，导致理解不到技术动作之间的内在联系，只是在一味地模仿教师，故各高校所培养的健美操人才多为技术型，缺乏基础且又必不可少的理论知识，技术型健美操人才在如今的社会中显得后劲不足。

身处于21世纪，重视开发学生的创新思维、培养学生的创新能力已成为教育界的发展主流。健美操作为一项新型的教育学科，较其他学科而言具有无法比拟的优势，它的教学使学生产生前所未有的新奇感，并充分开发了学生的观察、操作、思维、实践能力，为学生提供了独有的、开阔的学习活动场所。健美操教学将培养学生的创造力和创造性思维作为其追求的目标之一。但在健美操实际教学中，学生总希望教师能多教些套路，考试时也希望是对规定套路的考核，不希望有创编内容考核，学生太依赖于教师，而忽视了学习理论知识与技能的重要性，将创新逼近一种"无源之水"的境遇。因此，健美操课程的设置应就现存的弊端进行改革与优化，多启发学生的创新思维和创新能力，培养学生的教学实践能力，引导学生在学习时被动变主动，彻底改变学生"要我学"的惰性，提高学习效率。

第二节 健美操课程优化影响因素

一、人为因素

影响健美操优化开展的人为因素包括师资、学生及校领导对开展健美操课的影响。在健美操教学中健美操教师是主要的实施者，所以高质量师资队伍是教学优化普及开展的重中之重；学生是健美操教学的主体和承受者；校领导是健美操课程的推动者。

（一）师资因素

一个运动项目的发展，离不开优秀的师资队伍。健美操课也不例外，健美操教师的教学积极性、教学能力及科研能力会直接影响健美操课的优化开展程度。

在教师积极性方面，部分健美操教师对于健美操课教授过程的态度较为低沉，主要原因在于学校硬件设施欠佳、学生身体素质偏低。

在健美操教师科研水平方面，健美操教师身兼两职，即教学训练及专业领域的科学研究。应提高健美操教师的科研水平，尤其要增加健美操教学开展及比赛相关分析等方面的科研，以促进健美操课取得更好的教学效益。另外，现如今健美操师资以硕士学历为主，提高学历层次可弥补健美操师资队伍科研能力差等难题。但另一方面教师年龄及教龄结构也显现出，40岁以上的健美操教师占绝大多数，科研内容及想法内容需进一步创新。

（二）学生因素

众所周知，学校体育教学的组织主要针对学生群体这一对象，这是整个体育教学流程中最灵活的部分。健美操课的优化开展离不开学生的积极参与。

学生认为影响健美操课优化开展的因素依次为：学校重视程度、学生喜好程度、健美操在学校的流行程度、健美操师资队伍、教学内容吸引程度、媒体宣传程度等因素。调查数据显示，学生认为人为因素即领导重视程度与学生喜好及认知程度是影响健美操课优化开展的主要因素。

（三）校领导因素

校领导对运动项目的支持是项目优化发展的前提和保证。领导只有认识到某一运动项目在学校体育课程教学中的必要性，才能增加体育经费的拨款力度。加大体育经费投入比例、提升体育办学的"硬件设施"，将成为项目优化普及开展强有力的保障。

首先，领导及有关单位主要领导要进行实地考察，制订出符合健美操发展实际的优化开展规划，并认真加以落实。

其次，师资队伍的加强，关键在于院校领导的支持程度，各级领导应充分重视高质量健美操师资队伍的建设，及时了解健美操教师困难与需求，高效解决问题。

再次，校领导对项目体育工作优化开展的认识深度以及观念的注重程度，是影响其体育经费投入比例的重要因素。开展健美操课及比赛若资金不足，就很难保证正常的教学、训练和比赛，将制约教学质量及比赛运动成绩。本来国家对于教育经费的投入在体育的部分相对较少，而用于开展健美操优化的经费更少。因此，学校在年度教育经费分配时，应根据学校体育场地设施、器材的具体情况，进一步完善办学条件。

最后，健美操课的优化发展涉及学校、教师、学生等不同群体，在此过程中必然会遇到一些之前未出现的难题。处于学校领导层的人士，要本着勇往直前的理念，从基层调研出发，制订出健美操运动项目符合实际的各项决策与计划，从而使得健美操项目在学校开创普及优化的新纪元。

二、教材及教学内容因素

在体育教学过程中，教师处于主要地位，表现在对学生的领导、诱导、指导，而教材是教师执行教学活动的前提。健美操教师熟知体育教材的同时要衡量其系统性、科学性，这是推进其优化发展的重要因素。目前，健美操课教材的选用以全国健美操统编教材、自编教材为主，创新及系统性不足，有些教材及内容已难以与社会需求相结合。此外，部分学校并无统一教材，教师主要以多年教学经验总结为主进行健美操课的教学。而学生群体具有明显的个体差异性,即同班学生身体素质不同、对健美操的认知程度存在差异等因素,使得学生易对健美操运动的喜好不稳定,易降低学生持续学习健美操的热情,对健美操课的教学的普及优化开展产生不利影响。

21世纪对人才的需求,使得学生不仅要学到文化理论知识、强化身体素质、提升技能水平,更重要的还是使学生拥有创新思维,获得新知识、掌握新技能。调查显示,就当下而言,健美操课的教学内容相对古板,课程设置也相对传统,对学生创造性思维的培养产生负面影响。具体表现在涉及学生自我发挥的内容环节较少,其自身编创、设计队形、自我表现的内容较少。健美操教材选材要新颖,从多方面、多角度丰富健美操教学内容,才能使得不同层次的学生都能得到相应的进步。

三、体育经费因素

"经济基础决定上层建筑"。在某种程度上,体育经费的盈余是决定运动项目优化程度的重要因素之一。体育运动包括传统体育项目、新兴体育项目及地方特色体育项目等运动项目。多年来,诸多学校将大量的体育经费应用到篮球、足球等大球运动中,而健美操项目作为"年轻"的体育项目,存在进一步优化发展的空间。各级领导要从根本上重视健美操项目的发展,在宣传力度、参与竞赛、划拨经费等方面予以大力支持,将体育经费合理运用在健美操课的教学优化发展上。

四、场地器材设施因素

体育运动项目课堂的优化开展,都会不同程度地受到场地器材设施因素的制约。就健美操课的教学而言,场地器材条件对其开展的约束相对较小,只要拥有音响,在任何平整的空地都可以开设。但标准安全的健美操场地"硬件设施",将有效提升教学效果,同时达到提升学生学习健美操课的热情的目标。室内场所应设置减震地板,根据上课需求装置相应的落地镜,以及多媒体视频及音响设备,以便学生可以清楚观测到自己的动作。目前部分健美操教师出于各种原因选择在室外场所教学,室外教学场地空旷,但学生受外界影响因素较多,对学生注意力的集中有一定的影响。同时在器材使用方面,空旷的场地易造成音响设备不能发挥正常作用,音效及音质效果较差,且易受天气条件影响；教师在选择室内健美操教学时，若场地大小的规格不能满足学生规模，会削弱学生持续学习健美操内容的热情和兴趣，也会影响学生对健美操课程的体验感，从而导致学习效果大打折扣。

第三节 健美操课程优化原则

一、可行性原则

可行性原则是指任何一个方案都要被客观环境条件所允许，并在制订方案时，应根据目标的合理性设计方案，并对方案进行可行性分析和论证。健美操课程在其内容设置上也应遵循可行性原则，先考虑是否必要与可行，然后有计划地一步步进行。遵循可行性原则设计的健美操教学内容，将同时兼具一定的超前性和实际的可操作性。健美操课程在选择教学内容时，必须要考虑到以下实际情况，即教师自身具备的能力及条件、学生的实际接受能力、健美操课设定的教学时数、技术教学课的场地和器械等硬件设施状况。只有满足这些条件，才能保证课程内容的现实可行性，否则会直接影响健美操教学的实际效果，最终造成毫无意义的资源浪费。

二、实用性原则

实用性原则简单来说，就是对实现目标有实际作用的事物。在制订健美操专项教学大纲时，这一点既要作为教学大纲的目的，又要作为检验其可行性的标准。在现行的健美操教学大纲中，对于不能给学生以"技能""训练""实践活动"的教学内容，应当压缩乃至删去，节省课时用在能给予学生实用性的教学内容上。当然这并不是主张对现行的健美操教学大纲"动大手术"，而是采用"保守治疗"进行渐变。在现有的、经过多年锤炼修订的教材基础上，通过不断纠错完善、修订再版，加大课程内容的实用性。在设置课程内容时充分考虑学生的知识、能力水平和身心发展的特点，以及存在的个性差异，多增加些学生感兴趣的、有利于学生身心健康及以后发展的项目，压缩或删去那些重复多而单调枯燥、内容陈旧，以及对实践活动无帮助的内容，增加课程内容的实用性和趣味性，便于学生自学，使学生乐学。

三、科学性原则

科学性原则概括起来可以理解为：一是要贴近实际和生活；二是要符合学生身心成长的特点和接受能力；三是要采用科学方法收集评价信息，以事实为根据和基础进行价值判断。

科学性原则作为一种普适性原则，对任何活动都具有一定的实践规约，对健美操课程内容的改革与优化同样如此。它要求课程内容必须保持与学科发展相适应，在基本理论和基本技术方面，能反映出学科发展阶段的特征，以及学科最新成就的水平。还要求课程内容要与课程目标统一，与教学对象有较好的适应性，与家庭体育、社会体育以及与相关学科横向联系具有一致性等。

第四节　健美操课程优化内容

健美操课程的优化创新，对健美操运动水平的不断提高起到积极的推动作用。健美操课程的优化创新包括的内容有很多，最主要的有理念、原理、内容等方面。

一、健美操课程理念的优化创新

健美操课程的优化创新需要理念的创新。我国过去的健美操课程的主要任务是教授健美操运动基本知识和具体的动作技巧，而随着高等教育教学改革的逐步深入和素质教育的全面实施，新的理念逐渐渗入健美操课程中，文化性和教育性在健美操课程中的重要性凸显出来。关于健美操课程优化创新，具体来说，就是要由过去的单纯传授健美操技能转变为培养学生的全方面的能力，由过去的单纯的健美操"知识技能"学习升华为"文化传承"，将健美操教学提升为健美操教育。通过健美操运动的课程教学，使学生对健美操课程的文化理念、人文思想、科学原理、教育方式和基本理论知识有较好的掌握，对学生的实践能力、创新能力进行较好的培养，从而为学生的终身体育打下坚实的基础。

目前,健美操运动在世界范围内受到人们的广泛欢迎与青睐,得到了前所未有的发展,因此,对健美操人才的需求也越来越高。我国的健美操课程要以现实需要为主要依据,紧跟时代步伐,进一步丰富健美操课程的内容,在重视健美操技术、健身娱乐的同时,对人的全面发展也要引起高度的重视。通过健美操课程的教学,培养有科学精神和人文精神、具有深厚健美操文化知识和较强健美操教学能力的人才。

随着社会的不断发展,"以人为本"的理念深入人心,健美操运动的课程理念的创新和发展也要注意"以人为本",即形成"人本主义"课程理念。人本主义课程就是课程的开展要从学生的角度考虑,一切以学生的需要为依据。人本主义课程将"学科结构"向"学习结构"的转移充分体现了出来,具体来说,就是由重视学科的教学规律向重视学生的身心特点和学习需求转移。传统的健美操课程,对健美操教学的规律和逻辑较为重视,而忽视了学生的现实需求和自身特点。需要注意的是,人本主义课程就是要考虑学生身心特点和自身需求,设置课程时,合理安排体育内容,重视知识技能的传授和学生的身体发展,兼顾学生各种能力的培养,重视学生学习兴趣和爱好的培养,积极引导学生使用正确的学习方法,注重学生个性的培养。

二、健美操课程思想的优化创新

所谓健美操课程思想的优化创新,就是指构建以人文基础和科学基础为主体的新思想。以人文为基础体现了对"善"的追求,以科学为基础体现了对"真"的追求,将人文与科学相结合,对培养学生的人文精神和科学精神非常重要。在过去的健美操课程中,教师关注的重点往往是健美操技术动作的学习,而忽视了健美操课程对学生身、心、群全面发展的培养、提高。以人文构建人文基础和科学基础的健美操课程新思想就是把竞技与教育紧密结合,把人文思想渗透到健美操课程中,对学生的人文精神进行有效的培养,对学生、健美操、社会三者协调发展起到积极的促进作用,使健美操课程得到进一步升华,这对于将学生培养成人性丰满的人是非常有利的。因此,健美操课程的优化创新是实现健美操课程总目标的需要,是健美操教育的升华,会对健美操课程的发展起到极大的促进作用。

三、健美操课程原理的优化创新

健美操课程原理的优化创新，也是健美操运动教程优化创新的重要内容。"冰川学说"是体育教育的重要学说，由吉林体育学院院长宋继新教授在国内首创，在其《竞技教育学》一书中有关于"冰川学说"理论科学的阐述。"冰川学说"对运动与教育的关系进行了详细的阐述，它是一个"立体结构"，主要由原论层、原理层和方式层构成。其中，原论层是运动的人文基础，是揭示运动本质，培养人文精神的思想层次；原理层是运动的科学基础，是揭示运动规律，培养科学精神的机理层次；方式层是运动的操作层面，竞技教育的人文理念和科学理念都要通过方式层实现。"冰川学说"能够充分展现出健美操课程的教育原理。我国传统的健美操课程对健美操运动技术和技能的教授较为重视，能够在较大程度上有效提高学生的健美操技术水平，这属于方式层和原理层，而对原论层的忽视则导致了人文精神的匮乏。健美操课程原理的优化创新就是要对过去的教学习惯进行改变，对健美操教育的原论较为重视，具体来说，就是重视健美操文化最深层的人文理性，树立"健身与育人""人文与科学"的理念，通过学生与健美操课程的关系，使学生成为健美操课程的主体。它既与当前提倡的促进学生身、心、群全面发展的思想相符合，又与"以人为本"的实施素质教育的改革要求相适应，对健美操运动教学的改进起到积极的促进作用。

四、健美操课程目标的优化创新

高校健美操课程的目标是健美操课程的重要组成部分，也需要进行优化创新。健美操课程目标的优化创新需要以体育教学的具体政策方针为主要依据，从提高学生素质和人本主义课程理念出发，通过对生理、心理、社会的特点，以及国外体育课程发展趋势的全面综合考虑，对我国体育课程建设的经验教训进行有针对性的吸收改进，将我国健美操课程的目标确定下来。

五、健美操课程模式的优化创新

要高度重视大学生创新实践能力和创业精神的培养，提高大学生的综合素养，这是对我国高校在人才培养上的新要求。因此，当下我国高等教育的首要改革内容就是怎样将学生培养成为高素质的创新型人才，时代的发展迫切需要这样的人才来加快社会主义现代化建设。

健美操课程作为高校素质教育必不可少的一部分，必须要以创新为指导思想进行改革，贯彻素质教育和终身体育思想，培养学生在健美操项目上的创新能力，使健美操教学的重心逐渐由当下转向未来，与面向未来的素质教育思想、"健康第一"的教育理念相统一。健美操的这种教育改革总体来说，就是要从我国传统的以传授知识为主的教育理念向注重学生的各项综合创新能力，即组织教学能力、语言表达能力、创编能力、分析并解决问题能力、组织竞赛能力等现代教育上转变，使学生发展成为符合社会进步需求的创新型人才。

健美操课程必须要探索形成新型的教学模式，才能实现上述教学思想的成功改革，而这种新型的教学模式应把重点放在促使学生形成自我意识，发展个性上面。这种新型的健美操教学模式应具备以下特点。

①课堂教学多样化。健美操课程的教学内容要多样化，既要包括理论知识教学，还要包括实践教学和相关联知识的教学；教师在教学时要注重示范动作的优美性，开发学生的创新能力；在课堂上，教师要采取多种的教学形式授课。

健美操课程形式应以课程教学目标、教材、学习者发展水平三个变量为主要依据来构建。健美操课程形式要改变过去传统的以实践和机械模仿为主的传统的固定班级授课制的束缚，努力实现三结合，即课程讲授与实践创编相结合、教师讲授与学生讲座相结合、课堂讲重点与课外自学相结合，树立以学生发展为本的课程观，取消强制性的考试内容，为学生积极主动地学习创设有利环境，使学习成为一种建构性的制造过程。优化创新后的健美操课的结构主要包括以下几部分：准备部分（热身操）、基本技术部分（健美操基本步伐、成套操）、培养兴趣练习部分（流行操）和结束部分（调整呼吸、牵拉伸展操如瑜伽等），这些结构将健美操课程教学全面发展身体、提高身体素质、娱乐身心的特点充分地展现了出来。健美操课程形式的优化创新具有非常重要的作用和意义。

②教学方法多元化。在健美操课程中还要注意教学方法的应用，这也是健美操课程优化创新的一大方面。健美操运动教程中，可以制作一系列健美

操图样及教学课件，利用教学设备，进行形象、直观教学，即"完整技术统一看""结合进度分段看""动作难点反复看""关键技术重点看"的电化教学，利用先进的技术手段，提高健美操课程的质量，实现健美操课程目标。在技术教学中，教师可根据教学内容的需求采取多种不同的教学方法，便于学生更快更好地完成学习任务，如金字塔法、重复练习法、递减法等。在理论教学的开展中，教师可以采用讲授法、演示法、纠错矫正法等，如条件允许，可结合PPT教学，或观看相关视频，加深学生对知识的理解。

③学生学习自主化。健美操教师应教导学生主动自主学习，加强学生获取知识、分析和解决问题以及交流与合作能力的培养，使学生通过独立的分析、实践、创新等方法自主实现学习目标。

④考试成绩综合化。在对学生的学期成绩评价时不能只包括期末考试成绩，还要综合学生的平时课堂表现以及进步幅度和对这门课的学习态度来综合评价。在期末考试中也不能只涉及学过的规定套路，还要开发学生的创新思维，考一定的自编项目。

⑤教学实践系统化。在健美操课程实践教学中，教师可以设计系统的一套教学实践课来提高学生的创编能力和组织教学能力。

综上分析，若健美操教研室以创新教育为理念，摒弃传统教学模式的弊端，构建一套新型的教学模式，那么健美操项目将会发展得越来越好。

六、健美操课程内容的优化创新

（一）健美操课程内容教学系统构建

现在健美操课程的教学主要是以传授技术为主的内容体系，想要优化现在的教学内容，首先要构建一套新型的健美操课程教学内容体系图，它必须密切关系学生的运动兴趣，注重培养学生的体育和健身意识，开发学生个性发展，并使学生养成终身体育锻炼的观念及习惯。新型的教学体系会让学生更深层次地认识到练习健美操的好处，自主运用教师教授的知识及课本上的理论应用到实际健身中。以传统教学体系为基础，以创新教育为理念，构建一套新型的教学内容体系以供参考。

图3-1构建的新型健美操教学内容体系总体而言，还是有很多优点的。其中理论教学内容中包含了基础理论、保健学、生理学，健美操项目涉及的理论内容，这里基本都罗列了出来，有助于学生为学好健美操打好基石；实践教学内容包含了基本功、相关联技术和能力培养，这些都有利于开发学生的创新思维，提高学生立足于社会的能力；健康教学内容包含了心理、生理和社会健康知识，这些健康教学内容有利于学生形成终身体育教育的理念，激发学生学习健美操的兴趣。在实践课教学内容的教学方面，其教学内容及教材的选择始终与时代发展的步伐保持一致。遵循"以人为本"的原则，通过各种方式探寻学生真正喜闻乐见的教学内容是什么、体育课开展目标要求锻炼学生什么身体素质、当下社会最流行什么。在理论课教学内容方面，要结合学生兴趣恰当安排理论性的教学，新颖有趣的理论教学内容能有效激发学生的健美操学习动机。在理论课教学的基础上，结合大学生的身心发展特点，强烈启发学生涉猎健美操相关的拓展书籍，引导他们深刻理解健美操锻炼意义所在。20世纪90年代颁布的《全民健身计划纲要》，倡导健美操在风靡世界的同时也要掀起中国大众一曲主旋律的"健身热"，教学内容以"两操协会"规定的教学内容为主；2016年10月2~5日，出炉最新体育发展新政策，即《"健康中国2030"规划纲要》，健美操项目不断衍生出新的分支，

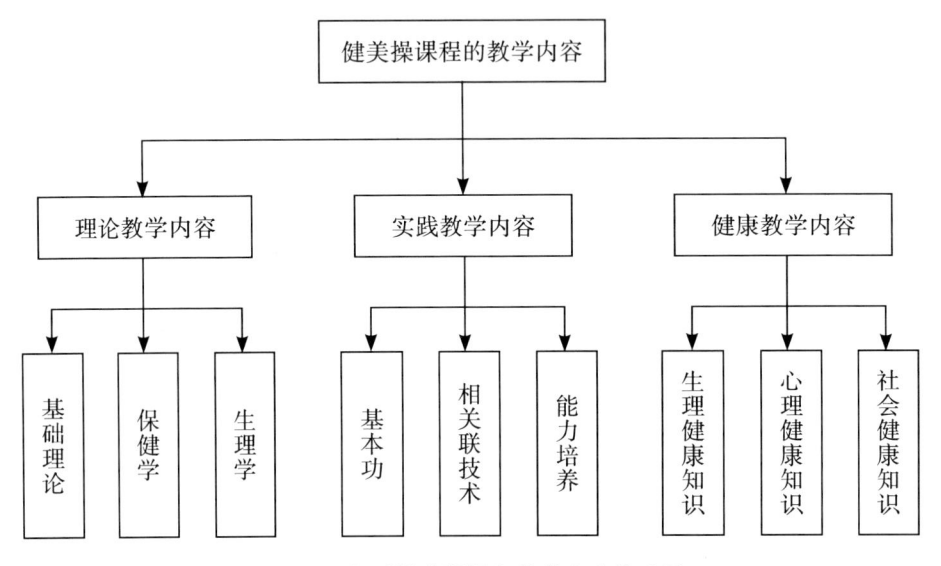

图3-1　新型健美操课程教学内容体系图

形成新的教学内容。

健美操的教学以大众健美操为主要教学内容，常年不更换教学内容及教材，难以从根本上吸引学生的学习兴趣。而学生更倾向于新颖的教学内容，故教师应丰富教学内容，参考多类教材。学校体育与社会体育密切联系，体育将有效使学生体育学习接轨社会业余体育锻炼，在遵循健美操教学大纲的基础上，参考社会上健身房及俱乐部的授课内容，从而增加最新流行元素。比如中国风、尊巴、拉丁、啦啦操及广场舞元素或者教师结合自身经验创编组合动作，以丰富健美操教学内容，充分调动女生的学习兴趣。同时，根据男生的身体形态结构及心理发育特点，可在健美操教学内容的选择上，偏重体现时尚流行的街舞或轻器械操，以及体现自由和力量的搏击操等内容，利用其表现欲增加健美操相关风格比赛，从而以健美操的力与美的特点吸引男生群体参与到健美操项目运动中来。

优化健美操课程的教学内容从上述三大点着手，基本上可以实现国家提倡的以创新教育为指导的素质教育目标。

想要形成上图的新型健美操教学内容体系，必须具备以下特点：①在理论教学中充分利用教材拓宽学生的知识面，在实践教学中添加一些与之相关的技术内容和能力的培养，增加学生立足于社会的本钱。②在保证学生基础知识和能力的前提下，丰富学生对健康教育的认知，打造学生"健康第一"和"终身体育锻炼"的理念。③使学生认识到保健学和心理学对健美操练习者的重要性，也是学生比较感兴趣的内容之一。

（二）健美操理论课程

健美操运动教学的内容对健美操课程的内容起着重要的作用。前面已提到健美操运动教学的内容现状及其优化创新，健美操课程的优化创新要跟健美操运动教学内容的优化创新保持一致。具体来说，主要表现在以下三方面。

首先，健美操的基本知识，如概述、术语、教学、竞赛组织等是过去的健美操理论课的主要内容，而健美操教育、文化、人文方面的知识传授比较欠缺。新的健美操课程内容不仅要注重原有基础知识的传授，还要增加人文知识的内容，丰富健美操运动的课程内容，培养学生的人文精神。

其次，过去的健美操课程偏重于从生物学角度开发学生的能力，主要开展技术的教授而忽视了对学生能力和人文精神的培养；新的健美操课程应从生物、心理与社会三层面综合考虑探索人的发展。

在理论课程教学中，还有很多其他的知识，具体有以下几方面：第一，健美操的基本理论知识，包括创编原则及竞赛规则；第二，乐理知识，包括节奏、韵律、风格及如何欣赏音乐和选择合适的音乐；第三，健美操运动时的生理卫生、保健卫生知识和运动常识；第四，运动处方的开设和常见运动损伤的处理方法等。

最后，健美操运动理论课进行了优化创新，技术课也要与时俱进，在新思想、新理论的指导下，为健美操课程开展创造更好的条件，增加健美操课程的趣味性，以培养学生综合性的能力，培养优秀的健美操人才。

（三）健美操运动实践课程

健美操课程进行优化创新，必须建立起健美操运动的课程内容体系。体系包括的内容有很多，较为主要的有理论知识部分、技术教学部分、综合素质教育部分、体质教育部分、个性发展与实践能力部分。在进行课程教学时，需要将运动实践课程分为四阶段进行，具体如下。

第一阶段，不仅要学习健美操基本步伐、手法，还要学习姿态组合或舞蹈健美操，对动作的美感和准确到位以及全身的协调性进行培养，为自编操提供动作素材。

第二阶段，学习节奏健美操或成套健美操，培养节奏感和关节的灵活性，提高有氧代谢工作能力，增强体质、提高运动的能力。

第三阶段，学习具有特色的健美操或流行操，如街舞、拉丁舞、健身秧歌舞等，增加趣味性，从而将时代性、发展性、民族性和中国特色充分体现出来。

第四阶段，学习二、三级等级运动员规定动作，提高运动技术水平。学生根据教学素材，自编成套操，培养学生创新意识。

七、优化健美操教法体系

学生本身存在着鲜明的个体差异性，也就意味着教学方法要因人而异。课题应从多元角度、综合角度、现代化角度出发优化健美操课教学方法。

（一）创新健美操课教学方法向多元化方向发展

健美操课要实现的教学目标是多元的，教学内容是丰富多样的，这就决定了传统单一的健美操教学方法难以适应不断优化发展的健美操课堂。创新健美操教法，能从直观上让学生感受到健美操课堂的新颖性，促使学生由被动学习投入主动学习，激发学生的学习兴趣。因此，教师要注重将健美操课的教法向多元化发展。

（二）实现教法综合化以适应健美操课优化发展

就此策略主要从两方面论述：一方面，各个体育项目教学方法存在一定的共性与个性，综合各个项目教法的"精华"，结合健美操的项目特征，在健美操教师不断的经验总结与创新下最终转移到健美操课堂教学中；另一方面，从学生角度出发，在传统教法的基础上，从学生对健美操认知程度、技能层次分析决定使用基础教法、常用教法还是拓展教法和其他教法。也可变换多种教学模式，以便有效地调动学生的积极性。需要健美操教师充分了解学生，从而根据实际情况合理穿插利用教法。

（三）增添互联网技术元素促进健美操教法的现代化

随着科技的不断发展，其不同程度地映射到各个领域，反映在体育界衍生出了"互联网+体育"。在健美操教学方面，适当增添互联网技术，能有效提升健美操课在体育课程中的流行度。

在传统教法的基础上，结合互联网技术，公共教育网站平台以及移动APP（通信APP、视频APP）将有效促进健美操课的教学优化。一方面，方便学生课下进行健美操学习的互动交流。另一方面，学生可以自主选择喜欢且合适的音乐、自学创编动作组合，并将其组合起来完整展示。不仅使考核方式趋于完善和现代化，也综合评价学生的创编能力、组织能力、合作能力等，为学生提供展现自身风采和创新意识的平台，促使学生各种能力全面发展。

八、健美操课程评价的优化创新

体育教学评价是检验学期教学效果主要方式之一。调查显示，健美操教师的考评标准以动作规范性与相关分数量化为主。健美操课的考试成绩，以技能考核与考勤为主要考评内容。根据教师自身判断，评价学生成套健美操组合的完成情况是考试的主要环节，附加以量化学生身体素质分数和学生的考勤情况。考试形式多为单人测试或者小组测试。这种考评方式当然有其存在的合理性，可是从某种程度上，这种考评方式忽略了学生主观能动性的发挥。例如，学生本身就存在很大的个体差异性，教师不能用统一的标准进行考评；考评内容体系单调，忽略了对学生创编能力、组织能力、合作能力的培养。考评是一个阶段乃至一个学期教学活动的"终点站"，因此，教师要以公平、公正、公开的原则为基础，从观念上转变考评理念并充分考虑学生个体差异性，多维度挖掘学生考评体系内容。

体育教学评价包含两方面，即体育教学的"教"与"学"，不仅是学生会有体育选修课的期末考试，教师也要设立相似的"考试机制"，以不断提升自身教学能力，从而为一个学期的体育教学画上圆满句号。首先，健美操教师对学生的评价方式要考虑多方面因素，教师要"亦师亦友"，想学生之所想，创造友好舒适的教学环境，考评内容要密切照顾学生的自尊心及情绪，根据学生的考评反馈给予适当的鼓励与表扬，以使优秀的学生能有动力继续努力学习，基础稍差的学生能有信心愿意继续学习，以取得满意的成绩，形成良好的教学循环。

在素质教育中，体育教育评价的功能无可替代，它可以将知识、能力、技能、情感、思维等有机融为一体。构建以创新教育为理念的新型评价体系，已成为各健美操课程改革的主要内容之一。健全完善的评价体系有利于健美操课程的不断发展。创新健美操课程评价体系要以新的《纲要》和"人本主义"教育观念为依据，将现代教育评价观念及其全面性和过程性充分体现出来。这种新型的评价体系必须具备以下几个特点。

①评价方法多样化。大部分健美操课程的评价方法都只与学生期末考试成绩有关。在考试时，学生获得高分的标准就是将教师教授的内容跳得一模一样，学生为了能够取得高分，只会一味地模仿，从而禁锢学生的思维，影响学生最大可能地发挥自身潜能。而新型的健美操评价体系完全摒弃传统评价体系单一性的特征，由学生和教师一起研究制订考核评价标准，并向学生创新能力的考核方向发展，对学生好的思路、动作和编排给予加分，并提倡自我评价与他人评价相结合，使现有的终结性评价体系逐渐转变为过程性评价体系。

②考试内容多元化。现存在考试内容太单一，应增加考验学生创新能力的内容和体现学生综合素质能力的内容，并采取平时表现和期末考试综合考查、

课堂表现和课外实践相结合的方法,全面衡量学生的综合能力。这样可以激发学生的创新能力和创新理念,对健美操的发展有一定的加速作用。

（一）健美操课程评价体系的内容

健美操课程的评价体系包括的内容有很多,较为主要的有三方面,即学生学习评价、教师教学评价以及课程建设评价,具体如下。

1.学生学习评价

学习评价是整个教育评价的核心,主要指学生的自评、互评和教师评价。自评、互评的内容是学生学习的态度与行为（如运动的参与性、学习技能的主动性等）、学生间的交往与合作（学生互助）、情意表现（情绪的自我调节）。教师评价指的是学生的运动体能状况和运动技术的掌握情况。运动能力占50%,理论考试评价占10%,创新能力占20%,课外训练表现占10%,学习主体性（包括平时成绩、出勤率、合作能力、作业笔记及道德风尚等）占10%,实行差、合格、中、良、优的等级制评定。

2.教师教学评价

评价内容是学习准备的发动（备课）、学习过程的定向、课堂活动的组织与调控、教材内容的呈现、教学方法的运用、运动负荷的掌握、学习反馈的提供等方面,属于过程评价中的基本项目。通过对这些具体教学行为的测查,便可从"过程"角度对一个教师的体育教学水平进行评价。

3.课程建设评价

教师、学生、教材、教学条件和教学评估是构成课程建设系统的5个子系统,要坚持以自评为主、行政和专家评估相结合的基本方法,严格实施奖惩措施。

（二）健美操课程的教学评价方法

健美操课程的教学评价方法有很多,较为常用的方法主要有终结与过程评价结合、多元评价以及定性评价和定量评价相结合,具体可以根据实际情况和需要进行有针对性的选择和运用。

1. 终结与过程评价结合

重视结果评价的同时,更重视过程评价、学习态度的评价、积极参与和创新精神的评价。强调学生自身发展和进步幅度,使每个学生都能够充分发挥自己的特长,补其所短,激励进步,特别是注意学生的个体差异和体弱学生的特殊情况,使每个学生都有进步的信心。

2. 多元评价

多元评价包括的内容主要有三方面,即认知、技术技能和情感,从多角度、多方法、多形式进行综合评价,全面强化导向、教育、体验、反馈、鉴别、规范、深化和激励的综合功能。在考试内容上,要在考核理论知识的基础上突出能力和素质的考核;在考试方式方法上,要加强对各种方式方法的功能、优缺点合理的组合,形成科学合理的评价机制。

3. 定性评价和定量评价相结合

身体形态、生理机能和运动能力,这三方面不仅能够以可测量的数据来对人的身体发展进行测量,同时,这三项指标还是体育过程评价的重要内容,其评价的方式应当是自身锻炼前后的比较以及和同龄人的平均数比较。而学生体育态度、思想品德、心理素质、锻炼能力等指标存在着大量的人文因素,具有明显的定性特征,难以量化,可采取定性评价法或模糊综合评判法。因此把定性和定量评价相结合,教育评价才是全面科学的。

九、加强教师队伍建设,提高师资队伍素质

健美操师资队伍是健美操课优化开展的主力军,加强师资队伍建设是"打响革命的第一枪"。必须要充分重视健美操师资队伍的高质量建设,只有改变教师陈旧的教学观念、提高教师的自身专业素质及业务水平,才能真正提高教师的教学质量。

(一)提高师资队伍素质

21世纪的知识趋于综合化,而不是传统单一的知识结构,这就要求学生以开放的眼光来认识和学习知识,并拓宽与其相关的能力。这也要求教师一专

多能，不能像传统教育中一人只通一科的教学方式，而应在不断学习中更新自己的知识，拓宽知识的领域面，提高自身的能力。随着社会的不断进步，要求培养出来的学生具备一定的创新能力和适应社会的综合素质，那么教师首先要具备创新性思维。想要具备创新性思维，教师必须形成具有自己特色的教学风格，使学生在学习时兴趣大发，激发学生创新。从内因角度来说，教师在提高自身专业素质储备和业务能力的同时，也要大力提升健美操教师的科研能力。同时，健美操师资队伍急需引进"新鲜血液"，同时改善健美操教师的性别比例，增加健美操男教师的引进率。众所周知，健美操的运动项目特点，导致无论哪个学段的学生选修健美操课的男生都较少，在他们心中，健美操项目观赏性很强，属于女生的体育项目，与男生无关。殊不知，健美操凸显"力与美"并存的特征。如何增加男同学对健美操的认可度，关键在于健美操男教师的引导与宣传，从而实现普通高校健美操课的教学优化。

（二）转变教师教学观念

在教学中，教师不能只看到学生的不足和缺点，要求学生学习什么，怎样学习，而要多关心学生掌握知识的手段、方法和途径，注重学生潜在的能力，激发他们发现、探索和创新的欲望，提高学生普遍综合素质，成为学生的良师益友。我国教育的改革要求教师由传统教育的维持性教学逐渐向创新型教学转变。

十、加大教学设施的投资力度，改善教学条件

学校运动项目的优化发展离不开各级领导的支持和重视。领导的理念和行动关乎运动项目优化普及开展的程度。各级领导应实地考查健美操课内外开展情况，制订出符合学校健美操发展实际的优化开展的政策。

在资金方面，校领导可通过学校与社会体育产业的合作的方式，以社会各界的力量助力健美操课优化普及开设，将有效缓解学校体育工作经费不足的问题；要完善相关体育经费审计，优化场地器材设施条件，为举办比赛及宣传渠道方面提供一定的经济基础，为健美操课的教学优化发展提供足够的经济保障；领导应重视健美操师资队伍的建设，定期组织健美操师资培训、经验交流及报告会等，促进健美操教师专项业务水平的提升。

优越的场地器材设施是健美操课堂最基本的硬件，应加大对健美操项目的

重视，改善学生学习的场地及器械，提升教学质量。在改善健美操场地设施条件时，一定要注意以下几点：①为了能充分调动学生学习的情绪，健美操场地的照明设施应明亮充足；健美操场馆内一定要保证通风流畅，以免造成学生在高强度训练下缺氧，冬天时要保证采暖，避免学生长时间身体训练而受伤；在健美操场馆内，最基本的音像设备要尽可能完备，因为健美操运动是在音乐的伴奏下进行的。如果条件允许，录放设备也尽量配备，这样教师在教学时可通过幕布来让学生认识并了解更高水平的技术。②修建和装修场馆时要考虑对技术发展的影响。地板最好是木地板或塑胶场地，降低对学生膝关节的冲击，减少运动损伤；健美操场地上必须要有领操台和镜子墙，确保每个学生都可以看到教师的示范动作，并通过镜子观看自己的动作并纠错；必要的器械也必须配备，如垫子、踏板、哑铃、花球、健身球等，以便于学生更好地学习。

总而言之，想要健美操项目在学校中得到更好的发展，场地、器械等设施是前提保障。

第四章 健美操课程组织优化

第一节 健美操课程概论

一、健美操课的基本类型

健美操教学课的类型就是根据教学的目的、任务、教材内容、教学方法及要达到的教学效果而划分的各种课的类型。每一类型的课都是为实现整个教学系统中的某个教学环节的目标，这个教学环节对提高课堂教学质量及保证全部教学工作的完整性与系统性有重要的意义与作用。

①理论课：健美操理论课主要是通过讲授、课堂讨论、电化教学等方式，向学生讲授健美操的基本知识，其教学内容根据各校的教学计划、教学大纲确定。

②实践课：健美操实践课主要是通过身体练习手段，使学生掌握健美操动作要领，实现培养正确的身体姿势、塑造美的形体、提高身体素质等目标的课程。

③综合课：既复习已学内容，又学习新内容的课程。

④复习课：指以复习已学内容为主的课程。

⑤考核课：以检查学生学习效果为主的课程。

二、健美操课的结构

健美操课的结构是指构成教学活动的相对稳定而又有区别的基本组成部分及各部分的活动顺序与时间分配。即一节健美操课由哪几部分组成，以及各部分内容的安排顺序，组织教法及时间分配等。目前，校园健美操课多采用三部分（开始部分、准备部分、结束部分）或四部分（开始部分、准备部分、基本部分、结束部分）的结构，下面以90分钟课程为例。

①准备部分：20分钟左右，组织学生、明确要求上课内容。

②基本部分：60分钟左右，学习新内容、复习已学内容。理解重难点、掌握技能、提高身体素质，纠错并强化学习内容。

③结束部分：10~15分钟，整理练习，课堂评价小结。

三、健美操课的准备

健美操课前应该准备哪些内容，提出什么样的要求，要根据学生、教材和教师的具体情况而定，通常从以下几方面进行。

①钻研大纲、教材和参考资料：认真学习分析教学大纲和教材以及补充资料；确定教学的具体计划和安排。

②了解和分析学生情况：从学生的身体条件、对健美操的认识和兴趣、纪律等方面深入了解学生。

③合理安排教学内容：根据每次课的任务、内容和实际情况，进一步考虑和安排教学内容的先后顺序。

④钻研并确定教法：结合健美操项目的特点，创造性地运用各种教学方法。

⑤准备音乐：课前根据不同的练习内容，选择准备相应的音乐。

⑥编写教案：根据教学进度和教学单元计划编写教案。

⑦准备器材和设备：教师提前10分钟到场，检查音响和场地是否正常。

四、健美操课的组织

课的组织是为了更好地完成课的任务所采用的教学组织方式，即根据教学内容、学生特点和教学条件等，合理安排教学所采用的措施。课的组织工作直接影响教学效果。良好的组织不仅有利于学生更快地学习和掌握动作，而且也能保证教学过程的安全，避免事故的发生。校园健美操课的组织工作内容包括健美操课堂常规、练习队形与示范位置、组织练习形式、队伍的调动及骨干的培养与使用、观察与调整、布置场地器材、激励等。

（一）健美操课堂常规

①教师：做好课前工作；不随意更改教学内容；强调说明重点、难点；加强安全教育；结束部分应做出小结并布置作业。

②学生：按规定履行请假手续、统一着装、爱护场地、爱惜器材并及时借还。

（二）练习队形与示范位置

根据练习人数、练习的动作和场地确定适宜的间隔距离；有示范台最好，没有的情况下，选择合理的便于全体学生观看学习的最佳位置。

（三）组织练习形式

集体练习与分组练习。

（四）队伍的调动及骨干的培养与使用

合理运用口令或语言提示调换牌面；学生骨干积极配合教师，协助教师进行教学组织。

（五）观察与调整

课上随时留心学生的练习情况，并根据动作的难度、教法进行及时调整。

（六）布置场地器材

遵循易于教学进行的原则，场地器材的布置要利于教师进行讲解、示范，利于学生进行学练，利于教师观察学生，以便随时做出教学指示。

（七）激励

采用多种方法及时鼓励肯定学生，使学生明确自己的进步，增强学生的自信心，并鼓励其向更高的目标努力。

五、上好健美操课的条件

（一）教师是上好健美操课的前提基础

教师是教学活动的主体，是影响教学效果重要的因素之一。教师在教学过程中发挥主导作用，而这种主导作用发挥的程度有赖于教师的教学能力和素养。

教师的知识结构：体育科学知识；教育科学知识；横向科学知识。

教师的素质要求：高度的责任感和事业心；热爱和了解学生；扎实的专业技术技能；良好的组织教学能力；求新意识和独创精神；健美的体型和充沛的体力。

（二）学生是上好健美操课的决定因素

学生是学习的主体，在学习过程中应该充分发挥主观能动性，配合教师完成课程任务。

①学生应把所学的内容作为自己的知识和能力储备，为从事健美操教学工作和以健美操为手段进行锻炼打下坚实的基础。

②学生积极努力提高自己的身体素质，跟上教师的进度，保证学习质量。

③学生要善于反思总结，找出不足，取长补短，找出适合自己的学习方法，使自己不断提高。

④学生之间要互帮互学，培养团结协作精神。

⑤学生要严格遵守课堂常规，服从管理和指挥。

六、健美操教学评价

健美操课的教学评价是根据一定的健美操教学目标及有关教学质量的标准，对整个健美操教学过程进行系统的调查，评定其价值和优缺点的过程。教学评价既包括对教师的评价，也包括对学生的评价，它是提高健美操教学质量的重要手段。健美操课教学评价的内容与方法如下。

①对学生的评价：理论知识掌握的评定；技术掌握的评定；学习能力的评

定；学习态度和情意表现的评定；其他内容的评定。

②对教师的评价：专业素质的评价；课堂教学的评价。

第二节　健美操课程组织优化

一、健美操课程的组织工作

课的组织是为了完成健美操课的任务而采用的教学组织方式。也就是说，以练习内容、学生特点和教学条件等为主要依据，对所采取的措施进行较为合理的安排。课前的组织工作是否严密合理，会对教学效果产生直接影响。井然有序的组织不仅有利于学生掌握动作，而且也能保证课中的安全，避免发生伤害事故。健美操课的组织工作内容包括：课堂常规、组织练习队形、场地器材的布置、练习的组织形式、队伍的调动以及骨干的培养与使用。

（一）课堂常规及教学要求

为保证健美操教学的正常进行而对师生提出的一系列要求和必须遵守的规章制度，是课堂常规的主要目的。制定课堂常规，不仅对建立正常的教学秩序、严密教学组织较为有利，而且对加强学生的思想教育、培养文明素质都有十分重要的作用。

通常情况下，课堂常规包括的内容主要有以下几方面。

第一，教师应做好上课前的准备工作。课前教师应认真备课、制订计划，编写教案，了解学生、场地等情况。

第二，上课时应利用几分钟的时间向学生说明本次课的主要内容、特点和目的，使学生心中有数。

第三，学生因伤病以及女生例假不能正常上课时，应由体育委员或自己主动向教师说明，教师根据不同情况安排他们的学习。

第四，学生上课时应穿运动服（最好是健身服）、运动鞋和运动袜，不能携带有碍运动的物品。

第五，学生应按教师的要求，有秩序地拿放器材，养成爱护器材设备的好习惯。

第六，教师不能随意更改教学内容，应根据教学大纲和教学进度进行教学。

第七，加强安全教育与措施，做好准备活动与整理练习。

第八，课结束时，进行小结和讲评，提出新的要求，并布置课后练习任务。

第九，在课结束后，教师应主动与学生进行交流，及时了解他们对课的感受和要求，根据学生的反馈信息及时进行总结，不断提高授课质量。

（二）合理有效的队形及组织形式

1. 合理的队形

合理组织练习的队形是顺利进行练习的重要保证。科学而熟练地运用队形，不仅能够使课堂气氛更加活跃，学生学习的积极性得到充分调动，而且能够对课的密度和运动负荷进行合理的调节。

要做到组织合理有效的队形，需要做到以下几方面的要求。

第一，依据条件确定队形。练习队形的选择应根据人数的多少、场地的大小等具体情况来确定。

第二，便于观察与指挥。选择的队形既要便于学生看清教师的示范动作，又要有利于教师的观察和指挥。

第三，间隔距离要适宜。练习的间隔与距离以不妨碍完成动作为宜。徒手练习时一般左右为两臂间隔，前后为两步距离；器械练习时应根据器械特点和练习涉及的范围适当增加。

2. 组织形式

以练习的内容及任务为主要依据，通常情况下，可以将练习的组织形式分为两种，一种是集体练习，另一种是分组练习。

（1）集体练习

指全体学生同时进行练习。在健美操课上，大多采用这种形式。这种形式便于教师集中讲解、示范，节省教学组织时间，加快教学的进程。

（2）分组练习

把学生分成两个或两个以上的组，可以做相同的动作，也可以做不同的动作。可把学生分几个组，每组布置不同的内容，然后依次轮换；也可把学生分成两个组，安排同样的内容，两组轮换进行练习。采用何种分组形式，主要根据教学任务、练习内容、学生人数及场地器材设备等情况而定，不能千篇一律。在分组教学时，教师要有目的、有计划地进行巡回指导，同时要注意自己的站位，既要便于指导所在的小组，又要便于观察其他小组学生的活动。

二、健美操课程的准备

健美操课程的准备工作主要包括三方面，即健美操课程的设计、课程教案的撰写以及场地器械的准备，具体如下。

（一）健美操课程的设计

健美操课程的设计包括的内容有很多，比如课程类型和内容、动作、音乐等，另外，想要保证良好的设计效果，还有一些问题需要注意。

1. 课程类型及内容设计

针对学生不同的情况和自己的特长，在进行准备工作时，首先进行课程构想，包括课程强度的安排、课程种类的选择等。选择自己擅长的课程种类，尽量将自己的长处展现出来，上好每一节课。课前准备最重要的一点是了解学员的情况，根据学生状况安排课的内容和强度。对初学者和健身课的参与者，课的内容应为基本动作，动作变化简单，重复动作较多，身体协调性要求较低，并以冲击力低强度动作为主。对有一定技术基础、身体协调性较好、身体健康的参与者，课的内容应安排动作变化较多，高低冲击力混合，动作强度中等。对技术水平较高、身体素质好的参与者，课的内容应选择较复杂、变化较多、运动强度较高的动作。

2. 动作设计

在课程的设计工作中，最重要的部分就是动作的设计和编排。具体来说，要以课程的类型、课程的目标和学生的能力为主要依据选择和编排动作。应明确课程的目标是什么，通过课程学生能够学到什么。在学生能够接受的情况下，应适当增加新的变化，使学生有"容易"和相对难一些的选择。运动生理学理论中有"用进废退"的原理，健身锻炼就是一种利用这一原理，以身体各个关节的灵活性、肌肉的弹性以及韧带的伸展性为基础，在身体各部分的参与下进行的健身活动。从解剖学的角度来看，人体的各种运动都是由神经系统指挥肌肉收缩与伸张而产生，并围绕着各个关节而进行的，关节是人体运动的中心。运动的形式主要包括屈、伸、举、绕弹、踢、摆，以及由躯干、上肢动作与下肢动作配合而产生的各种姿态、步伐、跳动、旋转等。

由于各种健身项目当中的首要因素就是动作，因此可以说，只有具有良好的、符合科学要求的动作，才会更容易接近乃至达到目标，反之则会事与愿违，严重者还会对人造成伤害。优美大方的动作可以使人赏心悦目，并给人们带来欢乐，从而延缓疲劳的产生，反之则使人产生厌恶的心理。

人体的运动从解剖学的角度看，是围绕着各个关节而进行的，并由神经系统指挥肌肉收缩与伸张而产生的运动，运动形式主要有屈、伸、举、绕、弹、踢、摆。由躯干、上肢动作与下肢动作配合而产生的各种姿态、步伐、跳动、旋转。健身操的动作首先是步伐，通过步伐练习提高心血管系统的功能，培养灵活性、协调性、节奏感等。动作本身的要素有很多，其中非常重要的有三点：第一，位置。包括人体相对空间的位置、四肢相对躯干的位置等；第二，节奏。主要指动作和动作串联之后的彼此之间的时间关系；第三，过程。包括路线与方向，是指动作与动作连接过程中肢体的运动轨迹。其次是时间，具体来说，就是在连接过程中所用的时间。健身操当中采用的动作应该是那些对健康较为有利、与人体的自然发展规律相符、安全可靠的动作，而易造成损伤的动作是被禁止使用的，如头的360°转、背弓等。目前健身操的形式是多种多样的，良好地、科学地使用这些动作，对人体的健康起着重要的促进作用。掌握这些动作的规律，了解它们的功能是作为一个创编者所必需的，因为动作是健身操的核心。了解这些知识以后，才能开始进行动作的设计与编排。

3. 教法选择

在健美操课程中，如何把设计的动作组合通过有效的教学方法教给学生，并在教学的过程中使学生学有成效，以满足锻炼身体和娱乐的目的，是一个非常重要的课题，需要进行重点考虑与研究。因此，教法的选择也有着非常重要的地位。在选择教法时，要注意学生的接受能力，不同水平的学生应选择不同的教法。总之，要使学生既能够接受而又不感觉枯燥，使看起来很复杂的动作组合学起来不感到困难，从而在练习的过程中不仅使学生达到锻炼身体的目的，而且在心理上也得到满足。

4. 音乐

选择节奏感强、速度合适的音乐，并在课前熟悉音乐的旋律和节拍，做到在上课时心中有数。通常情况下，同一音乐可用几次课。但需要注意的是，要尽可能地避免长时间使用，而应该及时更换新的音乐，或轮流使用几种音乐。需要强调的是，每次课都应携带备用带。

在课程种类确定之后，第一件事就是要根据课程种类的要求进行音乐的选择。不同的课程对音乐有着不同的要求。如拉丁舞健身所采用的音乐以恰恰、桑巴等拉丁风格的音乐为主；街舞健身所采用的音乐则是动感十足的HIP-HOP音乐；传统健美操音乐一般采用迪斯科音乐。

同一风格音乐的表现手法也会存在差异，并会对动作的设计产生影响。因此，在选择音乐时应该根据教师自身对音乐的把握程度进行选择，而且要尽量选择自己能够很好把握并能通过自身动作很好表现的音乐。

完成以上工作后，教师可以以课程构思为主要依据有针对性地整理音乐。如用多长时间进行热身，此时应该采用哪种音乐；有多少基本内容，各用多长时间进行，此时应该采用哪种音乐；用多长时间进行放松，此时应该采用哪种音乐等。在进行音乐选择时，应该根据课程的构思将各部分课程所使用的音乐整理好。

5. 预防与纠正动作错误

健美操的教学过程是不断纠正错误动作、逐步形成正确动作技术的过程。有效地预防并及时、准确地纠正学生练习中出现的错误，能够使教学进程得到有效缩短，使教学效率得到进一步提高。为了达到良好的教学效果，教师应该做到以下几方面。

第一，教师应具有过硬的技术，对健美操各个环节的技术原理较为熟悉，这样才能及时发现和纠正练习中出现的错误动作。

第二，要善于抓主要错误。在学习健美操动作过程中，有时错误不只是一个，教师应确定纠正的顺序，先纠正主要错误，然后逐一克服。当发现学生有共同错误时,要进行集体纠正。

第三,教师在纠正错误动作时,要仔细观察并耐心分析原因,启发学生改正错误动作的意愿和信心。纠正错误时,应少用"不要如何如何",而多用"应当怎样做"等一类的语言。

第四,对纠正动作错误的时机和频率要准确掌握。在学习健美操的开始阶段,不要急于纠正动作中的细小错误,而应更多地强调动作要领。随着学生不断熟练地掌握动作,身体素质不断提高,纠正错误再逐步细致、具体。

第五,教师应多采用诱导式练习,如反复领做单个动作、组合动作和成套动作。在学生独立完成动作过程中,教师要用简短的语言提示动作的错误所在,及时评价完成动作的情况。

第六,教学中要采用"一帮一"的方法进行辅导和练习。对练习中出现的错误,同伴要及时地给予纠正,防止错误动作形成动力定型。

(二)健美操运动场地器械的准备

古人云:"工欲善其事,必先利其器。"健美操教学目的、任务的实现和教学内容的实施,都需要一定的物资设备条件作为基础和前提。学生应该备好自身的必要装备,这对更好地进行健美操的练习是非常有帮助的。

1. 要有适宜的场地与条件

对健美操练习场地来说,最好在木质地板或地毯上进行,尽量不要直接在水泥地面上进行,否则长时间的练习可能对身体的关节、软组织等造成损伤;场内应有明亮的光线与良好的通风和采暖条件,并保持一定的湿度和温度,湿度应保持在50%~60%,温度要保持在18~25℃;应保持室内环境的清洁卫生。

2. 练习场地上要有适宜的基本设备

镜子是健美操练习场地必备的基本设备,主要用于教师观察学生练习情况和学生自己观察动作。一般来讲,壁镜的高度应在2米以上,宽度最好能贴满一面墙,镜像要清晰、不变形;场内还应配备领操台,领操台的面积和高度应根据场地的大小和形状确定。一般来说,领操台的面积应以教师能自如完成动作为原则;领操台的高度应以教师能清楚地观察到练习区域内每一位学生的动作，以及不同位置的每一位学生能清楚地看到教师所做的每一个动作为原则。

3. 要有一定数量的健美操练习器材

健美操课可以根据需要配备垫子、哑铃、橡皮筋、实心球、健身球、踏板及联合练习器，并保证一定数量，便于组织教学。

4. 要有良好的音响设备

健美操通常都是在音乐伴奏下进行的，所以良好的音响设备或录音机是必备的，一般都要求声音纯正、效果好，并应配备便携式麦克风；有条件的学校和健身场所最好配备录、放像设备，供播放健美操教学影碟或闭路电视节目，也可以在锻炼者练习时同步播放教师和学生的练习动作。

5. 要求教师与学生的服装要适宜

由于健美操运动是很讲究服饰美的项目，因此教师与学生上课时应穿运动服，最好是穿合身的健美操服，以使自己的形体更加健美；同时要穿适宜的运动鞋、运动袜，既便于运动又能提高练习的信心与兴趣。

6. 课前要对各项器材设备进行详细的检查

课前应提前10分钟到课堂。首先检查音响设备和场地是否正常，如有问题应及时解决。其次准备好上课所需器材，如哑铃、踏板、垫子等，并放置在不影响其他部分课地进行且便于取放的地方。

三、健美操课程的组织流程

健美操课程的组织流程主要有6部分，即课前交流、练习队形与示范位置、练习形式、观察与调整、激励以及课后交流与总结等，具体如下。

（一）课前交流

介绍课程。在课开始时，首先介绍本节课的主要内容、特点和目的，使学生心中有数。如果本节课是第一次课，或者都是新学生，那么首先应进行自我介绍，然后再和学生互相认识。

（二）练习队形与示范位置

练习的队形应该以学生人数和场地具体情况为主要依据来确定。具体来说，要求学生之间要保持适宜的间隔和距离，每人应有大约2米的空间，左右以学生两臂侧举不相碰，前后适当插空排列为准，这样不仅使学生有足够的活动空间，而且对较好地观察教师的示范动作和面部表情也是有帮助的，对教学的顺利进行和教学效果的取得都非常有利。

（三）练习形式

健美操课多采用集体练习的形式，因为有氧练习要求中低强度、长时间的运动。在课的进行过程中，最主要的要求是保持学生的心率在一定时间内不下降，使之稳定在最佳心率范围内。因此，集体练习就成为一种最有效并被广泛采用的健美操练习形式。

通常情况下，又可以将集体练习分为两种不同的练习形式，一种是集体同时练习，另一种是集体分组练习。其中，集体同时练习，就是所有学生同做同样的动作，其较为显著的优点主要表现在比较简单，便于教师指挥，容易达到练习的强度和密度要求，其缺点则主要表现在形式比较单一，容易使学生感到枯燥，从而失去练习的兴趣。集体分组练习是把学员分成若干个组，同时或依次做不同的动作。这种练习包括目前在国内非常流行的循环练习，可以加入各种队形变化的练习方法。集体分组练习能够使学生之间的配合与联系得到增强，练习的乐趣得到增加。

除此之外，还能够将教师的主要工作从单纯的领操中转移至课堂的组织。在一堂健美操课中，结合运用集体同时练习和集体分组练习两种不同的组织形式，如在热身和整理练习时采用集体同时练习形式，在中间的主要练习阶段采用集体分组练习的形式，可使课的组织更加丰富多彩，进而使学生的兴趣和锻炼的效果得到有效提高。

（四）观察与调整

虽然教师都会在课前写教案，设计好练习动作，但在课地进行过程中，仍然需要对学生的练习情况进行随时的观察，并以实际情况为主要依据，及时调整动作的难度、教法，从而达到理想的教学效果。

（五）激励

采用多种方法及时对学生进行激励，是健美操教师必备的意识。激励在一堂课中应贯彻始终，包括对学生的每一点进行表扬，使学生明确自己的进步，使其锻炼的信心得到进一步增强，并鼓励其向更高的目标努力。

（六）课后交流与总结

1. 交流与反馈

在课结束后，教师不应马上离开场地，而应留有一定的时间与学生交流，对他们对课的感受和想法进行及时了解和总结。

2. 总结与改进

通过将自己的感受和学生的反馈信息的有机结合，对自己的上课情况进行及时的评估和总结，对优点进行肯定，同时要将存在的问题及其解决方法找出来，为下次课的改进提供依据，从而使自己的教学能力和教学质量得到不断提高。

第五章 健美操教学优化

第一节 健美操教学的理论基础

健美操教学是体育教学的重要内容之一,是在教师科学指导和学生主动参与下,教师根据学生身心发展特点,有组织、有计划地指导学生,学习健美操知识、技术、技能和锻炼身心,增进健康,提高身体素质,培养综合能力的教育过程。在这一过程中,学生身心得到健康发展,审美素质得到提高。通过健美操教学,有助于培养学生良好的思想品德。健美操教学除了要遵循体育教学的教育性原则、科学性原则和锻炼性原则外,还必须遵循体育教学的基本规律,即运动技能形成规律、人体机能活动规律和人体适应性规律。

一、健美操教学特点

(一)注重对身体健康意识的教育,培养正确的身体姿态

健美操教学不仅能使学生掌握一定的健美操知识和技能方法,同时借助各种练习,并经过科学、合理、系统的健美操锻炼,使其具有健康体魄。如采用中强度以下,45分钟以上的健美操练习,可以提高人体心血管以及各种器官系统功能,增强机体抗病能力,使人精神饱满,提高学习效率、获得健康美,改善形体。另外在健美操教学中通过教授单个动作、组合动作和成套动作强调幅度、力度、韵律、肢体配合等,纠正身体不良姿态,形成正确的身体姿态。

(二)有利于身体的全面发展

健美操练习无论对象怎样变化,其锻炼的共同特点均反映在身体的全面发

展上。健美操既有徒手练习，也有手持轻器械及专门器械的练习，既包括基本动作的教学，也包括难度动作的教学，其内容非常丰富。

（三）理论与实践结合，思维活动与实践紧密结合，呈现多样化

健美操之所以有较强的生命力，源于它的不断创新，启发学生创造性思维是健美操教学的特点之一。在健美操教学中，教师不能只满足于将基本动作和技术教给学生，不能墨守成规，要在实践中给学生提供新的观点、新的技术、新的动作，引导学生不断建立新的神经联系，使学生在反复的实践活动中掌握创编原理及方法，学会创造性的思维方式，不断完善和优化教学内容。灵活多样的教学手段是实现人体健康的目的，充分体现教学手段的多样化。

（四）健美操教学具有艺术性

健美操的教学是在优美、动听、节奏感强的音乐旋律的启发下，使动作的表现更富有韵律、层次和变化，学生在练习健美操时抒发内心情感，达到身心的陶冶。人体仿佛音符在跳动，并在动作美、姿态美、形体美、音乐美中提高人体美的鉴赏能力，使每一个人从优美的动作和音乐中深深地感受到形体美、曲线美的存在。此外，健美操通过组合动作和成套动作设计及动作与动作、人与人之间的巧妙配合来体现出美学特征，达到美育教育的目的，具有一定的艺术性。

二、健美操教学任务

健美操动作教学是整体教学的一个过程。健美操教学任务是指在健美操教学中实现健美操教学任务所提出的不同层次要求，要解决以下教学基本任务。

（一）全面发展身体素质

身体素质是指学生在完成动作时必须具备的耐力素质、力量素质、柔韧素质、速度、协调等各器官系统表现以及各种机能耐力。身体素质是所有运动能力的基础。在完成竞技健美操动作中，音乐节奏为10秒24～28拍，心率在每分钟180～200次。在快节奏的音乐伴奏下完成高难度、高质量的成套动作。耐力素质是基础，力量素质做保障，柔韧性体现动作幅度并能协调地使动作达到完

美和高技术效果，并能协调地完成健美操动作。所以，健美操教学是提高身体素质的重要任务之一。

（二）掌握知识技能，进行审美教育

随着健美操技术的快速发展，知识更新速度的加快，学科的交叉渗透，对健美操学习和掌握提出了新的更高的要求。健美操教学是教师有计划地传授和学生循序掌握健美操知识技能，并系统领会知识的过程。健美操教学不仅使学生掌握基本知识技能，还要把相关知识纳入教学，使学生学会发现、学会创造、学会运用。健美操教学还具有进行美育教学的广阔空间（审美教育是指形成受教育者科学的审美观念、较强的美感和创造美的能力的教学过程），应充分利用这一有利条件，培养学生正确的审美观念、健康的审美情趣和审美能力。通过审美教育，促进身心健康发展，以审美情趣和审美观念更好地指导健美操的学习。

（三）培养正确姿态，保持体形，树立自信心

健美操在其教学任务上首先是在健康和安全原则的指导下，使练习者在最短的时间内增强体质，身体外形和动作姿态尽可能地符合规范的标准要求。在全面发展人的身体素质基础上培养正确姿态，塑造健美形体，对健美操产生浓厚兴趣，增强自信心。

（四）培养教学能力

培养学生的能力已成为体育教学的重要目标之一。能力是构成素质的重要方面。它是一种无形的、促进人不断发展的潜力品质。健美操教学制定能力培养目标，即把健美操理论知识、运动技术、技能的传授与发展学生的能力相结合，使其在学习锻炼中发挥出潜能，进一步掌握健美操的各种知识技能，科学运用健美操理论方法。健美操教学能力培养有以下几方面。

①掌握健美操知识与运用知识的能力。
②上好健美操教学课的组织教学能力。
③创新和创编健美操动作的能力。
④健美操教学与训练的能力。
⑤制订健美操教学、训练大纲计划的能力。
⑥组织健美操竞赛与裁判方法的能力。

⑦健美操科学研究方法的能力。
⑧健美操自我评价和分析课的能力。

三、健美操教学原则

（一）身体全面发展原则

身体全面发展原则，是指在健美操教学中，教材内容的选择要全面多样，组织教法的运用要合理，必须使练习者身体各部位、各器官系统的机能以及各种身体素质和基本活动能力都得到全面、协调的发展。

科学实践表明，人体是在大脑皮质统一调节下的统一体，各个部位、器官系统，各种身体素质与基本活动能力之间相互联系、相互制约。因此，在健美操教学中，教材的安排要考虑既有上下肢、腰腹、全身练习，又有伸展、刚柔相济、练习身体各部位和提高身体素质的内容安排，并且要锻炼者明确身体全面发展的意义，避免单纯减肥或以兴趣出发，不重视身体的全面发展等认知。

（二）教师的主导作用和直观性原则

在健美操教学中，教师的主导作用是指教师对教学工作的热爱，对教材的钻研，对学生认真负责的态度和对课堂教学的组织，调动对学生完成动作的引导、启发、感染和鼓励。直观作用是通过教师示范动作、语言讲解或观看图片、录像帮助学生建立完整而又正确的动作概念。因此在教学中，教师的教学组织应一环扣一环，环环相依，防止脱节，要做到条理清晰、示范准确、形象生动、讲解简要清楚等，才会收到良好的教学效果。

（三）循序渐进原则

循序渐进原则在健美操教学中，是指教学内容与方法的顺序由浅入深，由易到难，运动量由小到大，引导学生扎扎实实地掌握知识和动作技能。安排健美操教学时要注意安排好教学顺序，从简单的各部位基本姿势练习到简单的组合动作，最后再做较复杂、具有一定难度的练习。特别要注意基本功和基本动作的练习，抓好各类型动作中的核心，先单个动作再成套动作，先分解后组合，注重动作间的前后衔接，动作效果的先后关系，使学生以极大的热情投入健美操行列中，支持配合教师，共同完成教与学的任务。

第二节　健美操教学方法优化

健美操教学方法是实现健美操教学任务或目标的方式、途径、手段的总称。健美操教学包括教师教的方法和学生学的方法，其在实现健美操教学任务和目标中起着桥梁和中介的作用。健美操教学方法是指在健美操教学过程中，为了完成健美操教学任务、提高教学质量而采用的措施和方法。

一、讲解法

讲解法是教师用语言向学生说明教学任务、动作名称及其作用，完成动作要领、要求等，指导学生完成动作的方法。

采用此方法时应注意以下几点。

①讲解要有明确的目的。根据课的不同任务、不同的教学阶段、学生的不同情况，确定"讲什么""讲多少"，要做到心中有数，有的放矢，努力取得良好效果。

②讲解准确，要有科学性。所讲内容要观点准确、层次清楚，既要言之有理，实事求是，又要反映新的、先进的信息，运用统一规范的专业术语。

③讲解要简洁、易懂，有启发性。讲解的内容应简明扼要，通俗易懂，不需要面面俱到，力求少而精。在讲解中结合必要的提问，使学生随着教师讲解思路去思考问题，通过分析比较启发学生积极思维，并通过举一反三，启发学生创造性的思维活动，提高学习兴趣。

④讲解要注意时机和效果。健美操教学的讲解要掌握好最佳讲解时机，讲解一般在示范后进行，也可在领做时边做边讲解，有利于建立正确的动作概念与动作的改进。但是在学生做练习时不宜过多地讲解，把更为详细的讲解安排在练习的间歇会收到更好的效果。

⑤讲解要有艺术性。讲解是一种有声的示范，讲解语调的强弱，按特定顺序和时间的间隔比例交替进行，关键之处应以声传情，并辅以适当的手势和眼神，以增加讲解的生动性。讲解的语气要和蔼可亲，语意的肯定与否定表达要清楚，使学生易于接受。通常在学生练习时，教师应着重于鼓励、加油，激发

学生学习的积极性。

二、示范法

1. 领做示范

在初学健美操单个动作和组合动作时，领做是必不可少的教学方法。教师在前面领着做，学生在后面模仿跟着做。领做具有示范和提示的双重作用。

2. 示范的速度

应根据动作的难易与学生水平而定。对比较简单或容易接受的动作，可按常规速度完整示范，对初学者或较复杂的动作，可慢速示范，或先分解，再完整地示范。

3. 正误对比示范

教师在采用正误对比示范时，既示范正确动作，又演示错误动作，并且进行对比分析，让学生知道错在哪里，并及时进行正确动作强化。它是健美操教学中不可缺少的教学方法（应注意动作准确到位和镜面、侧面、背面示范方向的合理化）。

4. 示范的位置

示范位置以让学生看清楚为原则。根据学生所站的队形确定教师的示范位置，队形一般采用站在与前列学生等边三角形的顶点。学生人数多时，最好在较高位置上示范。总之，示范时站在全体学生都能一目了然的位置，以便观察全貌。

5. 示范形式

健美操教学中主要采用的示范形式如下。

①背面示范：即背对练习者做同方向动作。一般用于方向、路线与身体各环节配合较复杂的动作，便于学生观察和模仿练习。

②镜面示范：即面对练习者做反方向动作，如同照镜子一样。一般适用于简单动作的教学。

③侧面示范：即身体侧对练习者做动作。一般用于显示前后方向、路线较简单的动作。

总之，示范面要根据动作而定。如肢体左、右移动的动作采用镜面示范，肢体前、后移动的动作采用侧面示范。初学动作时常用两种以上的示范面来给学生示范，以建立正确的动作表象。

三、口令提示法

口令提示是在健美操教学中组织学生进行单个动作、联合动作及成套动作练习时加入一些调动性、指导性、提示性口令的方法。

口令要随着音乐的节奏和动作的要求起伏和变化。如"左二、三、四""右转七、八"等指导性口令。调动性口令有"加速""力度"等；提示性口令包括"一、二、三、四，加速摆腿"。也可用击掌声代替口令指挥动作。

提示：教师通过简短、明确、生动形象的语言信号给予及时指导和提醒，帮助学生记忆动作，在前一个动作即将结束时，及时提示下一个动作的连接方法，如"五六交叉步"等。

运用口令提示法时，应注意以下几点。

①教师采用语言法要及时准确，语言具有代表性、号召性和鼓动性。带有鼓励性的口令能调动学生情绪，活跃课堂气氛，增强学生学习的自信心。

②口令要与音乐节奏相吻合，要与音乐的韵律、节奏相一致。

四、手势提示法

在健美操教学中，教师运用各种手势指导学生完成练习的方法。手势也是身体语言的一种，它主要运用于成套操和一段操的复习巩固阶段。通过手势引导，提示学生按顺序方向、要点完成动作，保证学生能将整套操连贯、完整地完成。其特点是直观、简单、明了，有利于学生连贯完成动作。

运用手势提示法时应注意以下几点。

①教师在运用手势提示法教学时要果断，做什么样的手势，应做到心中有数。

②教师运用手势时要掌握时机和效果。如在上一个动作快结束时，就

应将下一个动作的要点、方向及时地用手势提示出来，帮助学生准确地完成动作。

③在学生容易出现问题的地方，提前向学生发出准确信号，如击掌或口头提示，引起学生注意，然后给予手势提示。

五、分解教学法

分解教学法是把结构复杂的一节动作，按身体环节合理地分解成几个局部动作，分别进行教学，或把整套健美操先分节进行教学，逐步串联成套的教学方法。分解法可使复杂的动作简单化，有利于掌握各个环节的技术细节。

采用此教学法时应注意以下几点。

①对要求协调性的较复杂的动作，往往按身体各部分预先把它分解成几个局部动作分别进行教学，如把动作分解为头部动作、上肢动作、髋部动作、下肢动作，分别进行练习，然后再配合完整练习。

②在运用分解法教学时，时间不宜过长，应与完整法结合使用。

六、完整教学法

完整教学法是指教师对所学动作进行完整教学，完整地讲解、示范、练习，使学生建立正确的完整动作概念。这种方法不破坏动作结构，不割裂动作各部分或动作之间的内在联系，可使学生建立完整的动作概念，迅速地掌握动作。

采用此教法时应注意以下几点。

①通常在学习一些简单动作、节奏变化有规律的健美操动作时，采用完整法进行教学。

②学习较为复杂的健美操动作时，一般采用慢速完整法进行练习，即放慢动作的过程，在每个姿势中停止几拍，以加强学生的本体感受，等建立了动作概念，熟悉动作后，再按正常速度进行完整练习。

七、重复法

重复法是指按照动作的正确技术、结构、要领进行连续反复练习的方法。

在健美操教学中，可单个动作重复，也可组合动作重复。这种方法有利于掌握和巩固动作技术，有利于指导观察，帮助学生改进动作技术，并对锻炼身体、发展体能、培养意志品质等都有较好的作用。

采用此教法时应注意以下几点。

①在初学动作阶段重复时，应避免负荷过大，过早出现疲劳，影响对动作的掌握和改进。可减慢动作速度，降低练习要求来保证动作的质量。

②要防止错误动作重复，教师一旦发现应立即给予纠正。因为错误动作一旦形成很难改正。

③练习时要安排好适宜的重复次数，使学生既能保证动作质量，又能达到一定运动负荷。

总之，上述几种教学方法是相互联系、紧密配合的。应根据健美操的教学任务、教材内容、学生特点等具体条件，灵活地相互配合使用，使每一种方法的运用，都成为整个教学过程中有机的一环。

准备部分实习常用的方法。

热身部分有氧操练习的方法对学生健美操的学习也非常的重要。一方面，学生可以流畅地进行热身练习，做到充分热身。另一方面，掌握这些方法也能为未来从事相关的职业打好基础。

1. 线性渐进法

在把单个动作顺序排列起来时，动作之间只改变一个因素，这个因素可以是上肢动作、下肢动作或加入其他的变化因素。这是一种不会发展成组合或套路的最简单的自由式教学方法。

2. 金字塔法

像金字塔形状一样，是一种递增或递减单个动作次数的方法。逐渐增加重复动作次数称为正金字塔法，逐渐减少重复动作次数称为倒金字塔法。

3. 递加循环法

在健美操教学中，每学习一个动作或组合后，与前面所学动作或组合连接起来进行练习的一种教学方法。

具体教学程序如：学习A

学习B

连接A+B

学习C

连接A+B+C

学习D

连接A+B+C+D

4. 连接法

把单个动作按照一定的顺序连接并发展成组合的一种方法。通常也称"部分到整体法"。

具体教学程序如：学习A

学习B

连接A+B

学习C

学习D

连接C+D

最后连接A+B+C+D

5. 过渡动作法

在教新动作前或组合与组合之间加入一个或一段简单的过渡动作，待动作和组合基本掌握后再去掉过渡动作。

具体教学程序如：N=过渡动作

学习A

学习N

连接A+N

学习B

连接B+N

连接A+B+N

学习C

连接A+B+C

6. 分解变化法

是一种教学单动作的方法，即把复杂的动作分解成最原始的形式进行教学再逐渐增加变化的方法。

①先进行单动作练习并加入所有变化后,再连成组合动作。

②先把基本动作连成组合动作,再在其基础上进行变化。

第三节　健美操教学能力的培养

一、健美操教学能力的培养

能力,通常是指完成一定活动的本领,它是在人们生理素质的基础上经过教育和培养,并在实践活动中不断汲取他人的经验和智慧而形成发展起来的。健美操教学能力,主要是以健美操技术教学为中心,由动作技术的示范、讲解、观察分析,纠正错误,运用教法能力,创编健美操基本动作等因素构成。

二、健美操教学能力培养的途径和方法

（一）示范能力的培养

培养动作示范能力,就是培养学生正确、优美、独立地完成动作的能力。正确优美的动作示范是教师进行教学时最能调动和激发学生自觉投入学习的积极因素。主要采用如下方法。

①学习并强化健美操基本动作的练习,经常组织观看国内外健美操比赛录像,使学生对健美操发展潮流有一个初步的印象。

②课上反复练习成套动作,并组织学生相互观察,相互评比,使成套动作完成得正确、熟练、优美。

③轮换进行准备部分实习,带领大家在音乐伴奏下做热身操(模仿操)练习,这些方法的恰当运用,就能不断提高学生的示范能力。

（二）讲解动作技术能力的培养

健美操动作技术的讲解是在深刻理解和体会动作技术要领的基础上所具备的一种语言表述能力。它不仅要求能够准确无误地表述完成动作时身体各部位

的方向、路线、幅度、速度、节奏和肌肉用力顺序等，而且要善于抓住重点和难点，在示范过程中简明扼要地进行讲解。培养方法如下。

①让学生复述已学过的动作名称、术语。

②教师提出问题，让学生在示范中讲述完成动作的要领、要求和注意事项。

③根据教学进度和课的任务，让学生评议完成情况。

（三）教法能力培养

健美操教法能力包括示范和讲解能力及口令提示等。主要培养方法如下。

①在组织教学中让学生运用已掌握的动作去教授和辅导未掌握动作的学生。

②教师带领大家集体喊口令，学生则边喊边做。要注意口令的准确和节奏。

③利用课前的准备部分进行热身操练习，给学生创造实践机会，让一名同学带领大家在音乐伴奏下做模仿操练习。也可让学生把自己编的操，通过一定教法教给同学，使之较好地掌握。

（四）观察分析与纠正动作错误能力

观察分析和纠正错误能力的培养，关键在于培养学生善于发现教学课中完成动作时的问题，并分析其产生的原因和找出解决问题的方法。主要培养方法如下。

①可以采用分组轮换练习和一助一的练习方法，进行观察分析或组织学生互相观察分析和纠正错误动作。

②对于难度较大的多关节同步运动的动作和较为典型的动作错误，可采用集中观察分析并提出纠正的方法。

③教师可采用定人、定任务、按要求3种方法，让学生在课上或课下进行帮助，以优带差。

④组织学生进行正误对比的观察分析。

（五）创编健美操成套动作的能力

创编成套健美操是在学生已经掌握了健美操的基本动作和所要学习的成套动作之后进行的。培养的主要方法如下。

①学习健美操理论，讲述健美操编排原理、方法和步骤等。

②对学生提出编排成套健美操的具体要求和组织、实施方法。每人创编12~18节动作。在组内互相交流学习，研究修改，完善成套动作。

③在小组完善动作的基础上，按要求写出每节操的拍数和动作说明，并配上单线条图解。同时组织交流，并进行评比和考评。

（六）表演与裁判能力

健美操除了以锻炼为目的进行个人或集体练习外，还可以组织各种形式和规模的比赛或表演，从而达到丰富文化生活、提高锻炼效果和质量的目的。培养学生进行健美操表演与裁判的能力，主要是通过课上与课下的实践来进行的，主要培养方法如下。

①课上组织完成动作优秀的学生进行表演，组织班内的小型比赛，学生互为表演者和裁判员。

②讲授健美操裁判知识，并在课上有意识地贯彻和检查裁判知识的掌握情况。

③组织年级或系的全校健美操比赛。全校比赛可一部分同学为表演者，另一部分为裁判员。

健美操教学实践证明，重视和加强学生能力的培养，不但有利于巩固和提高所学健美操的技术、知识和技能，而且能够激发学生学习健美操的自觉性和积极性，更有利于推动教学改革，提高学生的教学能力，培养合格的人才。

第六章　健美操训练

第一节　健美操训练的基础知识

一、健美操训练的目的

竞技健美操训练的目的与任务是通过专门的计划和指导，使运动员逐步提高竞技健美操专项身体素质、技术技能、心理水平，使其竞技能力达到更加理想的状态，从而在各种赛事上取得优异成绩。

（一）提高身体素质

健美操的专项素质主要包括有氧状态下及无氧状态下的代谢能力、机体的力量与爆发力、各关节的柔韧性、身体的平衡与控制能力、机体动作的协调能力及灵敏性、对空间位置和运动方向的敏感性、适应外界环境变化的能力。

专项身体素质是完成竞技性健美操成套动作的基础，只有具备高水平的专项身体素质，才能为高质量地完成动作提供基本条件。

（二）提高技术技能

竞技健美操的专项技术包括弹动技术、身体姿态、重心的转换、高空落地、转体技术、配合技术。竞技健美操专项技术是掌握和形成竞技健美操正确身体形态的有效途径与方法，它主要是根据健美操的基本原理在长期的实践中建立起来的，是形成竞技性健美操项目外在特征与内在价值的基本保证。健美操虽然种类繁多，但其基本的规律与原则是一致的，因此，只有掌握了这些基本技术，才能为掌握健美操更高的技术奠定基础。

（三）培养和提高运动员的心智水平

竞技健美操运动员的心理素质应该包括健康的人格、良好的道德、稳定的情绪、灵敏的感知能力及富有逻辑的思维与表达能力。竞技健美操运动员的智力水平表现在成套动作的组织与编排、完成与表现、个人的素养与气质、对周围事物的适应与处理能力。

这些心理素质与智力水平不是运动员与生俱来的，必须通过后天教练的训练指导与培养来提高，这也是健美操训练的重要任务之一。

（四）发展、推动健美操事业

通过竞技健美操的训练和比赛，我们不断地发现问题、解决问题，不断地改进创新，把健美操运动传播推广开来，让更多人了解这项运动，从而推动健美操项目更好、更快地发展。

二、健美操训练的特点

健美操的训练过程是一项长期、科学的系统工程。由于项目本身的特点不同，其具备以下特点。

（一）训练内容专门性与多样性的对立统一

竞技健美操属于难美技能类项目，提高专项技术和技能是训练的重点，提高运动员的竞技能力是训练的最终目的，训练时必须进行专项技术和身体素质的训练。同时，竞技健美操是一项综合类的运动项目，它涉及体育与艺术两大领域，这就决定了训练内容的多样性。它是以体育为核心，同时带有强烈艺术性的体育运动项目，在训练过程中包括健身健美操、表演、音乐、舞蹈、健美等训练。这就体现了竞技健美操内容专门性和多样性的对立统一。

（二）高体能与技能的紧密融合

竞技健美操的强度是非常大的，需要运动员具有超出常人的速度、力量、能量代谢作为完成成套动作的坚实基础。因此，在训练过程中运动员的体能训练是不容忽视的重点。同时，想要准确地完成成套动作，除了需要体能基础外，在整套动作过程中，竞技健美操动作自始至终应保持明确的节奏感，这种节奏感主要体现在动作过程中，重心位置沿身体重心垂线上下移动起伏，贯穿全身的动作节奏与音乐节奏相结合，通过髋、膝、踝的自然弹动，将身体与地面的反作用力柔顺地以步伐的形式表现出来。而且，无论动作怎样复杂多变，整个身体要求始终控制在标准姿态位置，即便在长时间的复杂多变的步伐组合过程或动作中，整个身体的标准姿态也不能被破坏。这就要求运动员要掌握良好的竞技健美操专项技术。在竞技健美操训练中必须将体能训练和技能训练紧密结合才能达到训练目的，这也是竞技健美操训练的一大突出特点。

（三）高体能与智能的紧密结合

随着竞技健美操的不断发展，我们想在比赛中取胜，必须不断突出动作编排的独特性。成套动作设计上要独具匠心，表现上要有强烈的自信、丰富的表现、无可抗拒的吸引力。独特的设计要有高超的创造能力，而创造是靠灵感与知识素养作为铺垫的，自信是需要熟练的技术动作支持的，表现是靠理解力与表达力而进行烘托的，综合这些而产生吸引力。同样，在成套动作中，体能是支持这些方面的基础，因此，竞技健美操的训练过程是高体能和智能的结合。

第二节 健美操的训练原则与方法

一、健美操的训练原则

竞技健美操训练原则是根据人体活动的客观规律，以教育学和训练学原理对竞技健美操运动实践进行的科学总结和概括。它是竞技健美操运动训练的一般规律的反映，对训练工作起着非常重要的控制和指导作用。训练原则在一定的时期内具有相对的稳定性，但随着运动实践的发展，其内容又会得到不断的充实和完善。

（一）竞技需要原则

竞技健美操需要原则是指在竞技健美操训练过程中，要根据规则、技术、赛制的变化，从实际出发，合理安排训练的内容和方法。周期变化使竞技健美操动作逐步向"精、细、力、新、美、炫"等方面发展，动作难度高，发展的新颖性，艺术的比分完成质量，更多样化的动作组合形式，连接动作组合数量增多的同时难度相应递增，难度动作加大，这些变化使得竞技健美操在训练安排中要相应地做出调整和变化，改进训练内容、优化训练方法、增加训练负荷量来适应规则变化需要，从而更好地提高比赛成绩。

（二）一般训练与专项训练相结合原则

竞技健美操的一般训练包括常规练习内容，如跑步、力量练习、柔韧练习、念动训练等。专项训练包括针对专项强度的专项耐力；针对操化动作的健身健美操练习；针对难度动作的辅助速度、力量、控制练习；针对表现的激情、表演练习；针对比赛的模拟测验等。

一般性训练是为了给专项训练打好基础。竞技健美操训练中的一般性训练和专项训练各有自己的任务和相应的训练方法手段，它们不能相互替代，也不能孤立进行，在训练中必须把两者合理地结合起来。

（三）合理安排运动负荷原则

运动训练的合理运动负荷直接关系到运动员的竞技能力的提高。因此，在整个竞技健美操训练过程中如何掌握运动量和运动强度与设计训练内容就尤为重要。健身健美操是在绝对有氧的前提下进行训练的，而竞技健美操是在无氧与混合供氧的状态下进行的。因此一定要因地制宜，尽可能地形成系统的训练，并在训练周期内建立不同的训练阶段，形成规律的运动强度曲线，是提高运动员专项耐力与承受负荷的最佳手段。

（四）系统性与阶段性相结合原则

竞技健美操包含的技术内容特别是难度动作，对人的各方面的要求日益提高，这就要求训练有计划有规律地进行，才能保证在竞赛中取得理想的成绩。其中，训练的周期、周期中的任务与目的、周期中的不同内容的安排、合理地安排运动负荷，以及不间断训练等原则是保证系统训练的基础。

二、健美操的训练方法

（一）分解训练法

分解训练法是指将完整的技术动作合理地分成若干个环节或部分，然后按环节或部分分别进行训练的方法。运用分解训练法可集中精力完成专门的训练任务，加强主要技术动作的训练，从而达到更好的训练效果。

（二）完整训练法

完整训练法是指从技术动作的开始到结束，不分部分和环节，完整地进行练习的训练方法。运用完整训练法，便于运动员完整地掌握技术动作的完整结构和各部分之间的内在联系。完整训练法可用于单一动作和多元动作的训练，也可用于个人成套动作的训练或集体配合动作的训练。

健美操技术结构较复杂，在成套动作构成中，包括了操化动作、难度动作、过渡连接和托举配合等动作，在每部分的动作中，涉及身体多个部位不同关节和肌群、不同运动轴和面的协同配合与转换，因此，在健美操动作学习、改进或提高动作质量的训练中，可以先使用分解法把技术分成相对独立的部分分别进行练习，在熟练掌握基本动作环节后再运用完整法进行连接，从而提高练习的效率。

（三）间歇训练法

间歇训练法是指对动作结构和负荷强度、间歇时间提出严格的要求，以使机体处于不完全恢复状态下反复进行练习的训练方法。通过严格的间歇训练过程，可使运动员的心脏功能得到明显的增强；通过不同类型的间歇训练，可使运动员的供能能力和有氧代谢供能能力等有效地发展和提高；通过较高负荷心率的刺激，可使机体耐酸能力得到提高，以确保运动员在保持较高运动强度的情况下具有持续运动的能力。

（四）持续法

持续训练法是指负荷强度较低、负荷时间较长、无间断地连续进行练习的方法。持续训练法主要用于发展一般耐力素质，并有助于运动员完成负荷强度不高但过程细腻的动作，使机体运动技能在较长时间的负荷刺激下产生稳定的适应，以提高有氧代谢系统供能能力。有氧代谢是无氧代谢的基础，持续训练作为健美操耐力发展的辅助性练习，是发展有氧耐力的常用方法，可以提高运动员技术运用的熟练性和机体的抗疲劳及恢复能力。

间歇训练法和持续训练法是竞技训练过程中体能训练的主要方法，在健美操训练过程中，应该根据不同阶段和运动员的实践情况，合理地选用单一的训练方法或有效结合两种方法，从而提高训练的效果，更好地完成训练。

（五）念动训练法

念动即由运动观念而引起的运动反应，是通过对运动的想象或回忆来实现的。通过想象或回忆某种运动动作，引起神经肌肉的相应变化，从而起到训练的作用，就叫做念动训练。这是一种运用表象和自我暗示相结合的心理训练方法。"念"即在默念中把动作环节概念思维组合，使运动中枢的各区建立初步正确的神经联系。"运"即在"念"中逐步地使身体的相应运动器官感受到刺激并产生反射，使动作过程概念有秩序地由弱到强逐步形成和巩固。念动教学法有助于运动员对运动技术的掌握，促进运动员动作概念的形成和运动员学习过程中动作的改进和巩固。其不仅有助于技能的发展，而且有助于提高运动员的智力能力。念动训练法多用于健美操赛前准备期中，通过对重点难度动作进行表象再现，提高运动员心理稳定性，从而保证难度动作完成的成功率。

（六）比赛训练法

比赛训练法是指在近似、模拟或真实、严格的比赛条件下，按比赛的规则和方式进行训练的方法。随着健美操赛制的不断改革，在国际赛场上形成了分站赛、冠军赛等系列的赛事，在国内形成了以测试赛、分站赛、冠军赛为系列的赛事，"以赛促练"成为现代训练的一个重要特点。运用比赛训练方法，有助于运动员全面地提高转型比赛所需要的体、技、战、心、智等各种竞技能力，积累比赛经验，调整精神状态，提升竞技水平。

健美操训练过程中或赛前训练时，我们可以模拟真实的比赛条件，严格按照比赛规则，对赛前训练过程的训练质量进行检验；也可以模拟真实比赛的对手，严格按照比赛规则进行比赛；还可以人为模拟真实比赛的条件，使运动员尽快适应重大比赛的环境。

第三节　健美操的身体素质训练

身体素质是人体在体育活动中所表现出来的有机体的各种机能能力。身体素质训练的目的主要是提高运动员的各种机能能力，使他们能够承受较大的运动负荷，保持良好的运动状态，取得优异的比赛成绩。因此对健美操运动员来说，身体素质是提高技术能力的前提和保证。健美操所要求的身体素质分为力量、柔韧、耐力、协调、速度，其中力量和耐力对于运动员高质量地完成成套动作尤为重要。

一、健美操身体素质训练方法

（一）力量素质训练

力量素质是指人体在工作时克服阻力的能力。肌肉工作所克服的阻力包括外部阻力和内部阻力。外部阻力如物体重量、摩擦力以及空气阻力等，内部阻力如肌肉的黏滞性、各肌肉间的对抗力等。力量素质是竞技健美操运动中的首要素质能力。随着成套动作中力量性动作的增加和难度的增加，特别是复合型力量动作，以及要求以高速度和大幅度完成的动作不断发展，使力量能力的训练占有十分重要的位置。它是一切运动的基础，决定其他身体能力的发展，直接影响动作技术的掌握和运动成绩的提高，是衡量健美操运动训练水平的重要指标。

力量素质训练的基本方法

发展健美操运动员最大力量有两个途经，一是依靠肌肉协调能力改善和提高，二是增大肌肉体积。而力量素质的发展主要体现在相对力量、速度力量、力量耐力和静力性力量这四种力量的发展上。

（1）相对力量训练

相对力量是指每千克体重所表现出来的力量。它主要反映运动员的绝对力量与体重之间的关系。由于竞技健美操是抵抗重力的运动，要求运动员具有较大的最大力量，体重又不能过大，因此健美操运动员的力量是以相对力量来衡量的。最大力量的增长主要通过提高肌肉的协调功能来实现，使更多的运动单位参加工作，提高肌纤维收缩的同步程度，改善肌群之间的协调性。

相对力量训练应安排大强度、少重复次数和相对多组数的练习，一般采用自身最大力量的85%以上大负荷强度，每组1~4次，不能低于60%的中强度练习。如果负荷强度小，参加工作的运动单位少，不利于刺激更多的运动单位同时工作，最大力量的增长的效果就低。强度越大，重复次数相应减少，练习组数的确定应以不降低每组练习的重复次数为宜。每一动作速度适当加快，可控制在一定时间内完成，每组有足够的休息时间。训练中应注意，能够有效提高肌纤维工作同步化，发展最大意志紧张能力来提高最大力量。练习安排应交替使用各肌群，有利于更快恢复肌肉疲劳，提高运动员整体的肌肉力量水平。

（2）速度力量训练

速度力量是指肌肉在尽可能短的时间内发挥最大力量的能力，是速度和力量的结合。运动员的速度力量是通过提高肌肉用力的能力以及提高肌肉收缩的速度来提高的，而力量的决定因素是肌肉收缩速度，提高力量是提高速度力量的有效途径。其代表性训练是爆发力训练。

在竞技健美操中，速度力量常表现为爆发力，如弹跳力、手臂推起力、操化动作的爆发力，腰腹收缩力等。爆发力训练是在保证动作技术规格的情况下，尽量快速完成动作，培养肌肉快速收缩能力，来适应健美操在高速度和大幅度完成动作的特点。目前多采用各种超等长练习，其原理是肌肉先做退让工作，并且肌肉被极度拉长，然后在最短时间内转入克制工作并快速收缩，如各种跳跃、深跳、单腿跳、分腿大跳、跳台阶、倒地俯卧撑等练习。

发展爆发力训练的负荷强度，应以项目和个人力量能力需要而定，可从30%~100%，参照竞技健美操项目确定的负荷强度，可采用以40%~60%负重练习，或者克服自身体重练习。练习的重复次数和组数不可太多，一般每组次数以动作速度不明显降低为准。以最快速度或尽量以极限或接近极限速度来完成每一次的重量，休息时间较充分，但不宜太长。

（3）耐力力量训练

力量耐力是指肌肉在静力性或动力性工作中长时间保持肌肉紧张而又不降低工作效果的运动能力，它是力量与耐力的综合能力。健美操力量耐力训练内容主要为快速力量耐力和静力性力量耐力。循环训练法是发展健美操力量耐力的有效训练方法。

循环训练法应根据训练的具体任务，结合专项特点和内容，把发展上肢、肩带、腰部、下肢的力量练习，建立成若干练习站，运动员根据规定的顺序、路线，依次完成每组规定的练习内容和次数，反复循环练习。在初级训练阶段，以一般力量耐力练习内容为主，中高级训练阶段，应以健美操成套中已掌握的各力量难度动作组合为主，并把动力性力量和静力性力量练习结合在循环训练中，在保证一定动作质量下，完成练习数量和时间。

一般力量耐力的增长表现在重复次数的增加上，每次练习要力争增加重复次数，当重复次数超过项目特点需要时，就应增加负荷重量。采用25%~60%负荷强度，坚持尽可能长时间或重复尽可能多的次数，并在机体尚未完全恢复时就开始下一组训练。训练中应注意：发展力量耐力的练习重复次数最为重要，重复次数视运动员而定，组数不宜太多，不能以组数来减少练习的重复次数，以免影响训练效果。

（4）静力性力量训练

静力性力量是肌肉收缩产生的力量，可以完成某种静止不动的用力动作或在整个动作中肢体不产生明显位移运动的力量。在健美操中各种平衡、支撑、托举以及躯干直而稳固性的控制力等，都以静力性力量来完成。所以练习内容应选择健美操静力性的难度动作和同伴配合性的静力动作，以及动静结合的复合型力量组合练习。此外注意采用能发挥最大肌力的角度，以取得最大的训练效果。在训练课中，静力性力量与动力性力量练习交替进行，动力性力量练习在前，静力性力量练习在后。静力性力量训练也可向静力性力量耐力训练转化。

（二）柔韧训练

柔韧素质是人体各肌肉、关节、韧带等组织的伸展活动能力和弹性的总称。柔韧素质好坏，主要取决于关节组织结构和髋关节的肌肉、肌腱、韧带等组织的伸展性，也受到天气、年龄、训练水平的一定影响。健美操成套中，大幅度的上肢以及踢腿、控腿、劈叉和大跳动作都充分体现了柔韧能力。良好的柔韧性是提高运动幅度、动作速度、动作力量以及完成一些难度动作和高质量动作的基础，同时可以减少运动性损伤。因此发展柔韧素质，对提高运动技术水平具有重要的意义。

1. 柔韧素质训练的基本方法

发展柔韧素质练习的基本方法包括动力拉伸法和静力拉伸法两种。动力拉伸法是指有节奏地通过多次重复某一动作的拉伸方法。静力拉伸法是指通过缓慢的动力拉伸，将肌肉、肌腱、韧带等软组织拉长，并停留一定时间的练习方法。这两种方法均可采用主动的拉伸和被动的拉伸。主动的动力性拉伸方法是借助自身的重力或力量拉伸。被动的动力性拉伸方法是依靠外力的拉伸。在训练过程中，通常是把动力拉伸法和静力拉伸法、主动练习法和被动练习法结合起来运用。根据不同关节活动范围的技术需要来确定发展柔韧性和保持柔韧性阶段练习的重复次数。每组练习持续时间大约10秒；静力拉伸练习，停留在关节最大伸展程度的位置上，保持30秒左右。为保证运动员在完全恢复的状态下进行下一组柔韧练习，在间隙休息时做一些肌肉放松练习或按摩，如体后屈练习后做体前屈放松练习，劈叉练习后做并腿团身动作等。

2. 柔韧素质训练的基本手段

根据健美操项目的特点和要求，可以采取以下练习手段发展运动员的肩、胸、腰、髋、腿的柔韧性。

①肩、胸、腰部柔韧性练习。

肩、胸、腰部柔韧性练习的主要手段有压、拉、吊、转环、体转、体前屈、体后屈等，具体做法如下。

- 面对墙壁或肋木，手扶一定高度体前屈压肩胸。
- 背对墙壁或肋木，手臂后举扶墙或反握肋木，下蹲向下拉肩。
- 侧向墙壁或肋木，侧向手扶墙或握肋木，向侧拉肩。

站立体前屈，双手互握后举，帮助者一手顶背，一手向下按压练习者手臂，拉伸肩、腰部。

- 悬垂，反握肋木，向下吊肩。

两手握棍或绳，做直臂向后和向前的转肩练习，逐渐缩短握距。

- 站立，连续快速直臂向前、侧、后绕肩。
- 体前屈手握脚踝，躯干与腿尽量相贴，可在帮助者用力压其背部，逐步垫高臀部或脚的高度的情况下练习。
- 站在一定高度上做体前屈，手触地面。

②腿部的柔韧性练习。

腿部的柔韧性练习主要手段有压、搬、踢、控、绕腿、劈叉等，具体做法如下。

- 压腿：将一腿置于肋木上，直膝、胯正，可向前、侧、后压腿。
- 搬腿：单腿站立，一腿举起，直膝、胯正，在外力作用下，前、侧、后板腿。
- 劈叉压：在纵叉和横叉姿势下，两脚垫高，上体挺直，直膝、胯正，在外力作用或自身重量下，向下压髋。
- 踢腿：包括大幅度地快速前、侧、后的正踢、绕腿以及体前屈后踢腿练习。可以通过扶把杆踢腿、行进间走步踢腿、原地高踢腿等进行练习。
- 控腿：通过扶把杆和不扶把杆的单腿站立的前、侧、后高举控腿，体前屈后举控腿，仰卧劈叉的搬控腿等，可采取慢速控腿和搬腿、快速踢起控腿和搬腿。

（三）耐力训练

耐力是指有机体长期工作抗疲劳的能力。疲劳是影响和限制运动训练和运动成绩的主要因素之一，运动员在训练和比赛中克服疲劳的能力，反映了其具有的耐力能力水平。耐力能力分一般耐力和专项耐力。"一般耐力"是指运动员有机体系统长时间协调工作的能力，是发展专项耐力的基础。"专项耐力"是指运动员克服健美操运动过程中所产生疲劳的能力。耐力素质是身体能力重要的组成部分之一，从事任何运动项目都必须具备相应的耐力水平。

根据竞赛规则，竞技健美操成套动作时间在1分20秒左右，并以高速度、高强度下连续完成难度和健美操动作步伐组合，所以健美操运动员的专项耐力是以无氧耐力和肌肉耐力为主。无氧耐力是指有机体在氧气供应不足的情况下能坚持较长时间工作的能力。由于有氧耐力是无氧耐力的基础，在发展无氧耐力之前和同时，必须适当发展有氧耐力。肌肉耐力是指运动员肌肉系统在一定的内部与外部负荷的情况下，能坚持较长时间或重复较多次数的能力。它与力量水平的发展关系密切，所以有效促进肌肉耐力水平是发展肌肉最大力量的手段。

耐力素质的训练方法

（1）持续训练法

这种训练总负荷量较大，持续时间相对较长（不少于30分钟），没有明显间歇，练习强度较小，比较恒定，负荷强度平均心率一般控制在140~160次/分钟，优秀运动员可在160～170次/分钟。

（2）间歇训练法

一次练习的负荷时间至少在5分钟以上，负荷强度中等（平均心率控制在160次/分钟左右）。当每组间歇时，要求在运动员机体尚未完全恢复时就进入下一次练习，一般以心率下降至120次/分钟为确定间歇时间的依据。整个训练的持续时间至少保持30分钟。

（四）协调训练

协调能力是指在运动时机体各器官系统、各运动部位配合一致完成联系的本领。健美操是对人体协调能力要求极高的项目，在训练中以身体各关节的灵活运动为基础。运动能力和协调能力之间存在着直接的联系，只有具备了良好的协调能力才能完美地发挥运动素质和技能水平，并能够使动作能量节省化，协调能力好，就能合理地运用自己掌握的各种技能储备，使大脑皮质的暂时联系很快建立起来，加快对新技术的掌握；协调能力好，就能把握好动作的空间、时间、力量、准确、稳定等技术，从而提高动作的质量，改进训练效果。

协调能力的训练方法

（1）步伐训练

首先学习比较简单的步伐，逐渐加大难度，增加更为丰富的不对称的步伐动作，训练腿部运动的协调性，然后配合音乐进行步伐训练。

（2）手臂训练

首先进行臂屈伸、内收和外展、臂旋转和环外、臂旋内和旋外、臂上回旋和下回旋、掌心向上和向下、拳与掌的变化等基本动作的练习，把以上手臂基本动作加以编排，逐渐扩展成整套手臂动作组合，最后配合音乐进行整体手臂组合动作的反复练习。

（3）上下肢配合训练

将步伐组合动作与手臂组合动作结合起来，通过上下肢的协调配合完成动作。可采用逐步提高其协调性的方式。首先，步伐动作保持不变，配合手臂动作，然后两拍一动完成步伐与手臂的配合，熟练之后再一拍一动完成上下肢的配合动作，最后再加大动作的复杂性及不对称的变化；提高整体协调性。

（4）躯干与肩、髋关节的训练

首先做左右依次提肩、左右依次前后绕肩和双肩同时绕等肩关节的训练，然后做顶髋、绕髋和移髋的髋关节训练，再做躯干前后左右的移动练习。三个部位先分别进行练习，最后编成组合动作同时进行训练，以提高躯干和肩、髋关节的协调性。

协调性可通过各种舞蹈组合、徒手体操、健美操跑跳动作组合来提高。进行组合练习时应选择需要上下肢、躯干、头等身体多部位相互配合，具有一定复杂性的动作。协调性训练应经常变换舞蹈、徒手体操、健美操等组合的练习内容，动作编排应将对称与不对称相结合，节奏的快与慢相结合。选择动作时应注意不同的肌群同时参加运动，特别是小肌群参加运动的动作。

第四节　健美操的技术训练

健美操的技术训练是健美操训练中一个非常重要的环节，也是健美操竞赛中制胜的关键因素所在。依据《竞技健美操竞赛规则（2017—2020）》中成套动作的要求，竞技健美操的基本功训练、操化动作、难度动作、过渡与连接、托举与配合是竞技健美操专项技术的核心内容。

一、基本功训练

根据竞技健美操的身体正确姿态的控制技术、节律性的弹动技术及快速、流畅、有力度的操化技术这三大技术特征，竞技健美操基本功训练主要包括姿态训练、弹动训练、动作力度训练、动作速度、幅度、节奏训练、动作方位训练及平衡与重心转换训练等。

在竞技健美操中，无论是操化动作还是难度动作，都需要保持良好的、正确的身体姿态，这都需要运动员对自身身体的完美控制。人体基本轴分为垂直轴，额状轴和矢状轴。基本轴的控制是为了正确完成技术动作，同时也是完成难度动作自我保护的一种方法。在竞技健美操各种轴的控制中，较为重要的是人体垂直轴的控制，通过直立、单双脚提踵立、纵跳加转体、水平控制等各种练习方法进行垂直轴控制训练。

弹动是健美操的基本技术之一，体现了健美操最基本的特征，是用以区别其他体操类运动项目的重要因素之一。良好的弹动技术、合理的肌肉发力顺序，能有效地预防和减少运动损伤的发生。弹动主要通过踝关节、膝关节、髋关节的屈伸而产生缓冲，从而减少运动对身体的冲击力。需要注意的是，在屈伸的过程中，腿部的肌肉要协调有力，才能有效地防止损伤并做出流畅的缓冲动作。参与运动的肌肉群在整个运动过程中要控制、流畅地完成动作。弹动练习的方法有半蹲弹动、蹲立弹动、小跳、跳高、跳深等，同时可利用器械进行负重和跳障碍练习，最主要是结合基本步伐进行训练。

力度是运动员在完成动作过程中肌肉快速用力与制动技术的外在表现。竞技健美操操化动作要求刚劲有力，动作运动过程积极快速，到达部位定位准确，形成强烈力度感。它是经过运动员长期的运动训练而形成的一种特殊的专门化动作知觉，无论上肢、下肢动作，都要求发力有明显的"延伸"和"制动"表现，以充分表现动作力度。力度是一个不易练且难表现的感知，在基础训练时要经过1~3年，方可由模糊状态上升到意识能清晰控制的专门化状态。一套成套动作的操化动作要经过3~5个月的训练，才能建立起准确的力度感，但有时随着动作熟练程度的增加力度感往往会减弱，这应引起教练的重视。力度训练方法主要有语言刺激法、观察训练法、对抗练习法、表象训练法和负重训练法等。

动作速度、幅度、节奏训练对健美操运动员来说非常重要，运动员良好的运动速度、大幅度的动作及良好的肢体运动节奏，都直接反映出运动员的竞技能力水平。动作速度与运动员的速度素质相关联，肢体运动的速度是健美操专项速度的体现，目前混合双人操、三人操场地的变化，对运动员的运动速度提出了更高的要求。动作幅度与运动员的柔韧素质不可分割，是展示动作优美程度和高质量完成动作的关键。动作节奏则是多项素质综合能力的体现，在操化动作的外在表现尤为明显，因为多样性、复杂的操化需要在节奏上发生变化。

动作方位训练是通过多次重复训练来提高运动员自身对空间位置的感知能力，形成准确的方位控制能力。移动重心训练是通过各种移动重心的动作和步伐的训练来提高健美操运动员完成动作的质量。

二、操化训练

操化动作是指以健美操基本步伐为主体，配合了手臂动作，结合身体各部位变化，伴随音乐创造出的动感、有节奏、不间断的包括高低冲击力的一串动作，是体现健美操项目特点的核心内容。健美操技术能力是运动员力、难、新、稳、美、高等诸多要素在表演中自然外露特征的总和，可以充分展示运动员的基本技术水平。运动员优异运动成绩的取得在很大程度上取决于运动员操化技术能力全面均衡的发展。因此，提高运动员操化技术能力是健美操训练的重要内容。

（一）操化的概念

健美操手臂与步法的动作组合，是表现运动员身体的控制能力、手臂与步法配合的运动。在整个比赛场地空间中穿梭和移动，伴随音乐的特征，创造性地表现出动感、节奏、连续的不同强度的操化动作。操化动作必须包括多样化的步法与手臂的动作组合，运用基本步法与手臂提高身体协调的能力。

操化单元是指一个完整的8拍的操化动作。如果完成操化动作不足完整的8拍，将不会被认为是一个操化单元。运动员在平时训练中，先以简单的基本操化单元进行练习，动作稳定熟练后加以编排，以提高操化单元的复杂性与多样性。

（二）操化动作的训练内容

操化训练的核心是以快、长、准、顺、轻、紧、强、变这八字方针为主线。训练内容主要包括上肢、下肢以及组合训练。本节以健美操特色动作为主，介绍其训练方法。

三、难度动作

难度动作是竞技健美操实力的突出表现，在竞技健美操比赛中是影响运动员运动成绩的重要因素之一。充分了解难度动作的训练内容，合理运用难度动作的训练方法，是竞技健美操科学训练的重要保障。

难度动作技术的准确性，直接影响动作质量及成套动作的效果。难度动作是规则要求的产物，运动员想要取得优异的成绩，就必须按照规则最高一级的难度数量、水平要求来进行设计编排。

（一）难度动作的概念

难度动作是运动员身体能力的综合体现，只有具备了良好的身体素质，才能有完成难度动作的能力。因此，每个竞技健美操教练员和运动员均应认真研究动作的练习方法，讲究技术动作的科学性、合理性，因为高质量的难度动作是比赛取胜的关键。

（二）难度动作内容（图6-1）

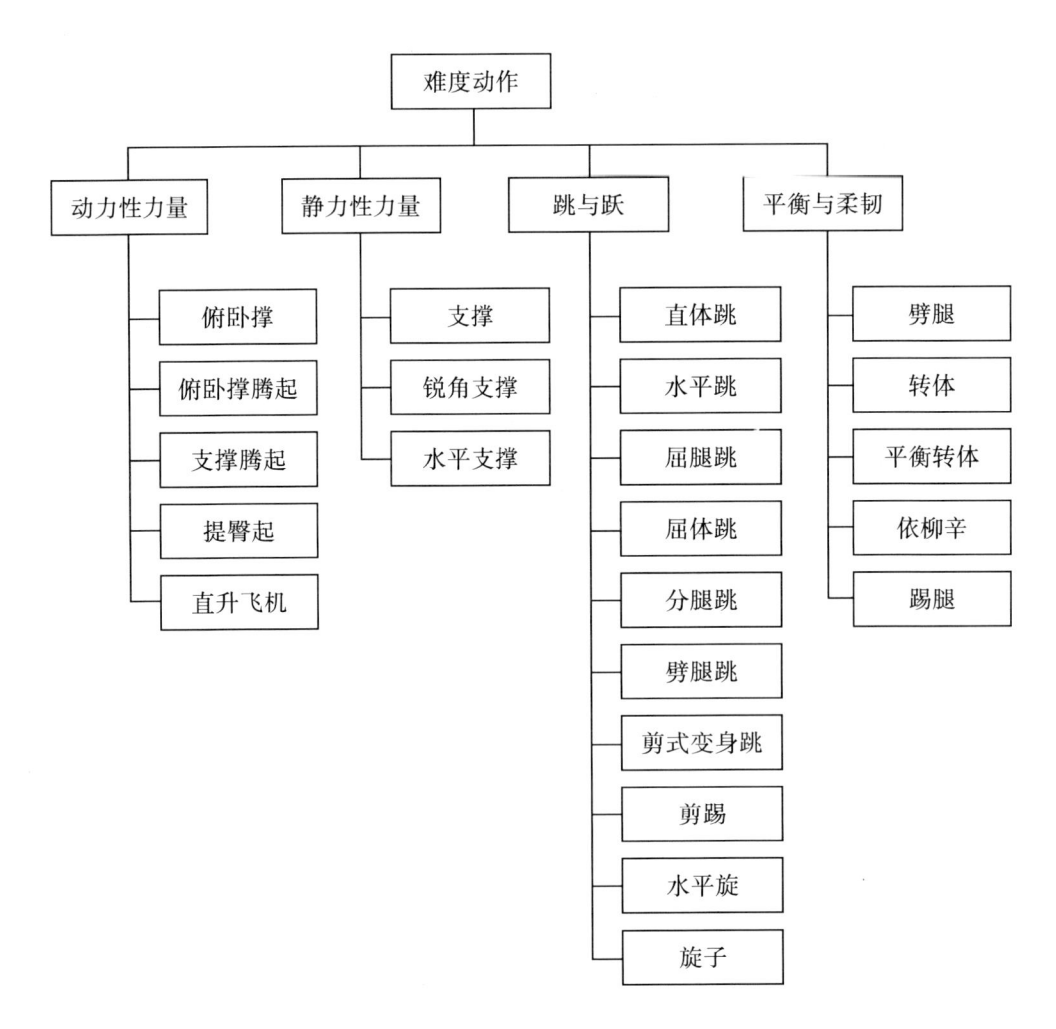

```
                        难度动作
        ┌──────────┬──────────┬──────────┐
     动力性力量   静力性力量   跳与跃    平衡与柔韧
      │            │           │           │
     俯卧撑       支撑        直体跳      劈腿
     俯卧撑腾起   锐角支撑    水平跳      转体
     支撑腾起     水平支撑    屈腿跳      平衡转体
     提臀起                   屈体跳      依柳辛
     直升飞机                 分腿跳      踢腿
                              劈腿跳
                              剪式变身跳
                              剪踢
                              水平旋
                              旋子
```

图6-1

（三）难度动作的分类

根据国际体联最新颁布的《竞技健美操竞赛规则（2017—2020年）》，将难度动作分为4组，即动力性力量，静力性力量，跳与跃以及平衡与柔韧。

1. 动力性力量

主要展示手臂推起力量及腰腹控制力量。包含的难度类别有俯卧撑类、俯卧撑腾起类、支撑腾起类、提臀类、直升机类，共5类动作。难度完成的最低要求分别如下。

（1）俯卧撑类

要求：肩与上臂至少在一条水平线上。

（2）俯卧撑腾起类

①提臀腾起。

要求：手脚必须同时离地；腾空阶段的屈体姿势（屈体最大限度为90°）。

②分切。

要求：在完成动作前，肩与上臂至少在一条水平线上；腾空阶段清晰呈现。

（3）支撑腾起类

要求：背部与地面平行；腾空阶段清晰呈现。

（4）旋腿类

要求：起始位置必须由前臂自由支撑开始旋腿；手臂支撑（双臂交替进行），身体进行全旋。

（5）直升机类

要求：结束方向必须与起始方向相同。

2. 静力性力量

主要展示手臂支撑力量和核心部位控制等静力性力量。包括的难度类别有支撑类、锐角支撑类、水平支撑类，共3类动作。难度完成的最低要求如下。

（1）对该组所有难度动作

①每个难度动作必须保持2秒，同时臀部、腿或脚的任何部位不能触及地面。

②在支撑转体时，无论在转体开始、结束或是在转体过程中，支撑必须保

持2秒。

③在支撑时，手掌必须平整地撑于地面。

④分腿支撑时，双腿夹角不小于90°。

（2）锐角支撑组

要求：后背必须至少与地面保持水平。

（3）水平支撑类

要求：身体必须呈一条直线，并不得超过水平面以上20°。

3. 跳与跃

展示下肢快速弹跳的爆发力量、空中及落地的身体控制能力。难度类别包括直体跳类、水平跳类、屈腿跳类、屈体跳类、分腿跳类、劈腿跳类、剪式变身跳剪踢类、水平旋类以及旋子类，共10类动作。难度动作最低完成要求如下。

（1）空中姿势

①腿必须在水平面（屈腿跳、屈体跳、分腿跳）。

②双腿开度大于170°（劈腿跳、剪式变身跳）。

③主动腿至少平行于地面（剪踢类）。

④身体不能超过水平面以上45°（水平旋、旋子类）。

（2）落地姿势

①所有以单脚或者双脚落地的C组难度动作，必须以站立姿势结束。

②所有以俯撑姿态落地的C组难度动作，手脚必须同时落地。

③所有以纵劈腿姿态落地的C组难度动作，双手必须触地，并置于身体两侧。

④所有以横劈腿姿态落地的C组难度动作，双手必须触地，并置于身体前侧。

⑤所有以文森姿态落地的C组难度动作，支撑手和脚必须同时落地，主动腿必须在同侧支撑臂肱三头肌上端。

4. 平衡与柔韧

主要展示身体柔韧素质以及垂直轴转体的控制能力。包含的难度类别有劈腿类、转体类、平衡转体类、依柳辛类、踢腿类，共5类动作。难度完成的最低要求如下。

（1）平衡与柔韧难度的全部难度

①两腿间的开度必须达到170°。

②垂地劈腿支撑腿必须与地面保持接触。

③所有的难度动作都必须符合它所包括的各类动作的基本要素。

（2）转体类和平衡转体类

①全部转体动作，转体角度必须完整。

②完成转体动作过程中，脚后跟不允许与地面接触，并且没有跳动。

③平衡转体类起始发力为：水平位置向内摆动完成转体动作。

（3）依柳辛类

要求：依柳辛开始位置：头、肩、胸、髋、膝、脚都必须在同一方向；摆动腿必须在垂直面内画一整个圆圈。

（4）动作过程中劈叉必须至少170°。

四、过渡与连接动作

（一）过渡与连接概念

随着竞技健美操的不断进步，当前竞技健美操的动作编排朝着更加多样性与创造性发展。成套的内容更加丰富多彩，出现更多类型的动作，且动作类型的时间空间的转化频率更加迅速。过渡与连接动作是成套动作中连接健美操基本步法、操化动作、难度、托举、动力性配合，以及团队协作之间的空间、位置等转化的特殊动作，在成套中起着承上启下、穿针引线的作用，能够更好地体现成套动作的创新性、多样性。

过渡动作是从一个造型、状态、风格、位置转换到另一个形式的动作，用以连接成套中两个不同主题或段落，动作空间必须改变。

连接动作指用以连接未发生空间变化的动作。

（二）过渡与连接动作的要求

过渡与连接动作不能简单、生硬地将两个动作内容连接起来，而应该通过过渡与连接动作消除动作与动作之间的跳跃性，使成套动作更加流畅、生动、合理。

过渡动作不仅要求流畅、灵活地进行空中与地面的转换,更重要的是它们的独特、新颖、多样性成为一个展示运动员技能和获得高价值艺术分的重要部分。由于难度动作受规则的要求,对技术规格、动作做法有严格的规定,因此,观众们看到的难度动作基本都是相同的。但过渡动作则不同,不同的身体姿态变化、不同的空间变化以及不同面向的变化,使观众们可看到争奇斗艳的、令人眼花缭乱的、充分体现成套风格、展示运动员身体能力的动作,一个高质量的成套动作必定要表现出变换多样的过渡动作以完成3个不同空间的转换。

评价过渡动作的难易程度,主要是看身体轴和面的变化,也就是参与运动的轴的多少,参与的轴和面越多,难度将越大。

五、托举与配合

竞技健美操的托举动作是指在合理运用人体运动原理的基础上,充分发挥集体中每一个人的能力,借助同伴之间的配合动作来互相借力,创编出造型独特、构思巧妙的动作。

配合与托举动作是构成成套动作必不可少的组成部分,是体现运动员之间相互关系的重要桥梁,也是混双、三人和集体项目的特色组成部分。因此,掌握及合理运用托举与配合的训练方法,有助于提高竞技健美操整体训练水平。

(一)托举与配合的概念

托举是指一名或几名运动员被托举至肩水平或者更高的高度时展示出清晰的身体姿态。底座运动员在托举动作开始时必须是站立姿势。

同伴配合指肩部高度以下的托举被视为同伴配合,不会算为托举来计分(两个或两个以上同伴接触,其中一名运动员离开地面并重心支撑在同伴身上视为托举,肩部以下的托举即使同伴离开地面重心支撑在同伴身上,都视为同伴配合)。同伴关系(协作/身体配合)是指运动员完成动作过程中相互之间的"连接"或"感知"(视觉或身体),在保持这种关系的情况下运动员协同或单独完成动作的能力。这种团队协作展示出的内容是运动员与同伴互相协作所呈现的,有无身体接触均可。团队协作是通过两名或多名运动员呈现的,如镜面动作、合作、完成动作时身体之间的接触、一名运动员跳过另一名运动员做翻滚动作等。

（二）成套中对托举与配合动作的要求

①结束动作必须是有控制的。

②在抛接（如果有）之前，托举动作需展示不同的形态以及/或不同的水平空间。

③成套动作中有超过一个托举动作，仅对第一个托举动作进行评分，其他多余的托举动作将被扣分：0.5分/个。

④所有违例动作都不能在托举动作中出现。

⑤减分：成套动作中没有托举动作减0.5分

（三）违例托举

①托举高度超过2人垂直站立时的头顶叠加高度。

②尖子运动员被抛接时做直体空翻。

③托举的形成阶段完成超过一个技巧动作，减分0.5分/次。

第五节　健美操训练计划的制订

健美操训练计划的制订包含了设立健美操的训练目标，以实现目标为中心任务的科学规划的阶段性或整体训练过程，以及提出与训练计划密切相关的、用以整合和协调训练实践活动顺利进行的各种辅助方案。

一、健美操训练计划制订的原则

（一）系统性原则

健美操运动员的培养过程是多种因素影响的长期系统工程，训练计划就是实现运动员状态转变的通道，把训练计划具体到每一次训练课中，统一训练运动员的思想认识和实践行动。系统性原则体现在运动员对训练过程的宏观控制上，即在健美操项目特征、运动员特点、训练任务、竞技能力等各种因素的基础上，制订与之相适应的训练目标、训练内容、训练方法和训练负荷等，并要注意保持各个训练阶段的持续连贯性。

（二）针对性原则

制订计划时，必须对现阶段的比赛任务和训练目标的主要因素进行针对性分析，还必须针对运动员的不同特点、竞技能力、技术风格等制订不同的训练计划。另外，即使是同一运动员在不同身体状态的训练环境下，训练计划也应有所区别。针对性原则体现在教练员对具体训练环节的细节控制上，抓住健美操项目的本质特征和训练规律的普遍性与共性、运动员个性特点等，对此进行针对性的分析和研究。

二、健美操训练计划的类型

健美操训练计划根据不同的时间跨度可以划分为不同的类型。健美操运动员的规划，其主要任务是通过具体训练环节逐步实现阶段性训练目标，通过年、月、周、课时间段的具体训练计划来实现其训练目标。

（一）多年训练计划

健美操多年训练计划指的是健美操运动员从开始接受基础训练，达到个人运动竞技水平的高峰直至停止参加竞技训练活动的整个训练过程的设计与规划，主要分为全程性多年训练计划（大约10年）和区间性多年训练计划（2年以上）。这类计划具有较强的程序性，要严格按照培养优秀竞技健美操运动员的训练规律进行。

（二）年度训练计划

健美操年度训练计划是指根据训练大纲的要求和健美操多年训练计划的安排以及上一年度训练工作的总结，对健美操运动员下一年度的训练所做出的科学规划。健美操年度训练所包含的单周期、双周期和多周期决定了训练计划的总体规划、比赛次数和不同的训练安排。

（三）周训练计划

健美操周训练计划是指对小周期健美操训练过程所做出的规划。根据健美操比赛任务的不同，可以把其分为基本训练周、赛前训练周、比赛周以及恢复周训练4种类型。

（四）课训练计划

健美操课训练计划是指对一次训练课的训练过程所做出的计划。训练课可以分为身体训练课、技术训练课、素质训练课和综合训练课，还有测验、检查和模拟比赛课。要根据不同训练课的种类和特点来安排训练计划的内容。

三、健美操训练任务

（一）专项技能训练计划

一个完整的训练过程由选材阶段、基础训练阶段、专项提高阶段、最佳竞技阶段和竞技保持阶段组成，它们相互独立又相互联系。它们充分满足了健美操运动员竞技能力提升的长期性、阶段性的要求，使运动员通过长期系统训练后竞技能力达到最佳状态。

（二）竞赛训练计划

竞赛训练计划是为完成健美操比赛任务而设计的训练计划，主要包括赛前准备期、比赛期和恢复期的训练计划。在竞技健美操竞技强度日益增加的情况下，高水平竞技健美操运动员较多采用多周期训练计划。

（三）表演训练计划

健美操作为一种体育艺术表演形式出现在文体娱乐活动中，表演训练计划就是为配合文体表演而制订的一次性训练计划。

四、健美操训练计划的具体内容

（一）竞赛性计划的具体内容

①根据比赛确定训练计划的准备期、竞赛期和恢复期的具体时间段。目前，国内竞技健美操比赛有全国健美操联赛、全国健美操锦标赛、全国健美操冠军赛、全国学生运动会健美操比赛；国际竞技健美操比赛有健美操世界杯

赛、健美操世界锦标赛、亚洲锦标赛等。教练员首先要确定运动员参加哪个比赛，而每次比赛都应具有准备期、竞赛期和恢复期。

②根据比赛分类确定赛前训练计划，要根据训练目标决定以参加哪个比赛为重点来安排具体训练内容。

（二）表演性计划的具体内容

①根据表演日期确定训练计划，时间明确、任务简洁。一般分为创编、学习、巩固强化、修改、彩排和正式表演等阶段。

②紧紧围绕表演为目的进行节目的编排与创作，先选择音乐，根据音乐创编成套内容，分段训练，边创编边分段训练，最后进行成套细节修改。

五、执行计划时应注意的问题

①要有实现目标的坚定性和执行计划的灵活性。既要防止遇到困难或挫折后动摇，又要防止执行计划过于呆板。

②及时反馈，不断总结经验，适时修订计划。

③同科研人员配合，做好各项身体指标测量和训练参数的统计工作，及时分析指导实践。

④因人而异掌握好运动量和运动节奏，及时调节和控制，使最佳竞技状态出现在赛季。根据需要适当延长持续参加大赛的实践和能力。

⑤做好各个时期的思想教育工作，结合心理训练，充分调动运动员的积极性，共同为实现计划而努力。

⑥加强运动队的管理，健全有关规章制度，严格组织纪律，以保证正常的生活与训练。

⑦掌握好伤病变化，切实做好保护和安全措施的落实，以便保证运动员系统地、不间断地训练，顺利地执行计划，实现预期目标。

第七章 健美操的创编与音乐

第一节 健美操创编的理论基础

一、健美操动作创编的概念

根据健美操这一项目特点的特殊性以及项目的规律、目的、原则等,将上肢、下肢和过渡动作进行合理的组织、串联,形成成套比赛套路的过程。在这一过程中,创编要依据竞赛规则的变化,深入分析了解项目特性以及审美等多方面构成因素为创作基础,以教练员和运动员的创新思维为依托进行的复杂的创作过程。

健美操是一项以健身和竞技性为主的运动项目,健身健美操主要以健美体魄、塑造形体、防病治病为目的;竞技健美操是以获取优异的成绩为目的,所以不能单纯地将某些动作简单地组合、拼凑起来,而是要在全面熟识项目的规则前提之下,根据项目的特点要求与时间、空间的限制、音乐的风格等一系列的审美因素紧密地联系起来,达到一种近乎美轮美奂的画面。

二、健美操动作创编的指导思想

随着国际健美操运动的广泛开展,"中国作为后起之秀迅速成长壮大,准确地把握健美操规则变化的特点,通过合理的训练,运动技术已经跻身于世界强国的行列"。作为竞赛活动的先导环节的创编过程,它将直接影响着各种因素的总体发挥,最终导致运动成绩的结果。因此明确的创编指导思想是影响健美操的创编和比赛成绩至关重要的先决条件。

在任何一项体育项目中，都有适应和约束自身特点的一些明文规定，简称为规则。在健美操运动中，"竞赛规则是进行创编的法定依据，规则的修订变化指引着动作创编的方向，创编的过程和结果必须符合规则的要求，但同时又要突出自我的个性"。在动作编排的过程中，教练员作为编排人员的主体，要深入研究规则的变化，清晰规则的条文导向，正确把握规则变化的时代脉搏，只有这样才能将最好的才能进行合理规范的展现，才能创作出优秀的作品。

三、健美操动作创编的依据

根据健美操工作者在创编工作中的总结，"规则是进行创编工作的法定依据，规则的变化是指导创编的有利方向，创编的成果必须符合规则要求同时又不失个性特点"，切实地考虑健美操个体魅力和国际发展趋势，以达到三位一体的完美结合状态。

（一）以竞赛规则为理论依据

竞赛规则成为各国进行动作编排的指向标。由于竞技健美操的评判规则的效用性是有时间限制的，并且每个版本的竞赛规则都有着自身的倾向性，所以教练员与运动员要赛出优异的成绩，更应该根据本赛季健美操规则要求进行有针对性的编排和训练。

（二）以运动员的个体特点为技术依据

教练员或工作人员要慎重考虑运动员个体差异这个因素，充分挖掘个体的特性。例如，在编排过程中，男运动员主要展示男性的阳刚之气，技巧多编排跳跃与支撑类的动作；而女运动员主要展示女性柔中带刚、刚柔并济的美感，将舞蹈元素融入操化，技巧多编排柔韧类难度。

（三）以体现健美操国际发展趋势为现实依据

健美操运动能够发展到今天，有着自身的生存方法和存在价值，同时各国教练员和运动员对此项运动的不断创新，使其得以稳固地不断前进，不断引领着世界健美操运动发展的潮流。随着健美操运动的日趋成熟完善，各国运动员的竞技水平也在突飞猛进,竞赛自然变得日益激烈,所以各国运动员在成套动作的编排和训练中追随健美操国际发展趋势就显得尤为重要。

第二节 健美操创编的原则与方法

一、健美操创编的原则

(一)竞技健美操的创编原则

我国的竞技健美操作为独立的体育竞赛项目,已与国际同步。创编作为竞赛活动的先导环节,动作编排的优劣将直接关系到运动员的比赛成绩。所以明确创编的指导思想,研究并遵循竞技健美操的创编原则是至关重要的。竞技健美操是一项艺术性很强的难美项群类运动项目,它可以给人们带来很高的艺术享受。就健美操项目特点而言,它的主要艺术特点是朝气蓬勃、欢乐向上,这些都成为竞技健美操创编时的指导思想。

规则是竞技健美操比赛中的法规,每一位参赛者都必须严格遵守。规则是衡量动作编排及完成动作的标尺,它判断成套动作的艺术、完成、难度、过渡连接、配合和托举等各方面的好坏。规则又是指南针,它为创编者与参赛者都指明了方向。研究并执行规则的要求,不仅仅是运动员与教练员的天职,同时也是创编者创编动作的依据。

1. 动作多样性原则

国际体联竞技健美操竞赛规则中指出:"成套动作必须表现出健美操操化单元、难度动作、过渡连接、配合、托举、移动路线的多样性。"

操化动作是指从传统健身操中发展而来的健美操固有的动作。操化单元的难易与价值在新周期《FIG竞技健美操竞赛规则》中有了评判标准,对它的评价是依据运动员创编的操化单元的多样性及艺术性。《FIG竞技健美操竞赛规则》中指出:多样性不允许重复基本步伐,要求运动员避免做相同的动作组合。动作的变化应综合考虑空间变化、上肢与下肢配合及前后连接上应尽可能多地进行变化。难度动作还是分为4类，从0.1分到1分，从0.1分向后，难度价值越来越高。所谓高难度、高价值取决于两方面：一方面是参与动作的身体部位越多，复杂程度越大，难度越高；另一方面是人体运动围绕人体垂直轴进行，人体垂直轴又分为垂直地面转动与偏离垂直地面的人体的非垂直轴，一个动作参与的垂直轴转动越多，难度分值越高。但这不是无止境的，规则目前准许的范围是1080°以内的旋转。同样值得注意的是，创编中要强调考虑运动员所拥有的运动能力及动作特点、风格等综合因素。在运动员能够优美地完成动作的前提下，对操化单元和难度动作进行选择与创编。从各类比赛中也可以看到，一是指难度上的均衡，难度的均衡是指在成套动作中，各类难度能够达到一种最佳组合状态；二是指结构上的均衡，是对成套所有动作的前后安排的均衡。不能使某一类动作特别是难度动作集中出现。

过渡与连接动作是指重点动作与重点动作或重点段落与重点段落之间的动作，过渡与连接可能是空中及地面的转换或是路线的变换，这些在比赛套路中运用得好坏是成套动作优劣的又一衡量标准。过渡连接新规则中也有了要求，如出现相同动作将被减分。托举动作减为一次，同样也有了分值要求，更加说明新规则趋向是成套动作的欣赏性及独一无二的艺术表现。

2. 动作流畅性原则

《FIG竞技健美操竞赛规则》要求操化动作、过渡连接动作、难度动作、托举和配合动作从一个平面转到另一个平面的动作，必须巧妙流畅地连接在一起，不能中断动作的连续性，一个动作必须轻松自然地连接另一个动作，成套的每一个细节都要自然表现。

动作的流畅性可以从这几方面理解。其一，是动作本身，组合动作时要注意步伐之间的联系流畅，特别是各种转体应该左右腿交替使用，连续使用一条腿必须巧妙地配合节奏的变化，上肢要自然连贯。步伐是健美操的基本，步伐的重心处理十分重要；其二，难度动作与前后动作连接必须流畅，当准备做一个难度动作时，要考虑它的难度类别，所采用的前后连接应有利于动作的完成和自然完整。

在做集体项目时，配合应考虑与其他人的相互关系，要整体连接自然顺畅，可以使用各种步伐完成，上一个动作应是下一个动作的铺垫，一个动作的结束是另一个动作的开始，达到一种最佳的连接状态。同时注意人和人之间的协调以及运动感。

空间的利用和路线的变化是创造流畅的另一方面。空中站立、半蹲和地面运动是运动员可运用的垂直空间，同时通过运动员的方向创造流畅变化的动作特性，避免生硬地连接，利用一个面生成一个面，充分利用人体运动，尽可能避免出现中断停顿的现象。

成套的运动路线主要由直线、斜线、曲线、弧线、锯齿线、S线等组成。有目的、巧妙地使用路线，可以加强动作的流畅感。尽量避免在创编中使用同一个路线。

3. 完美的艺术性原则

竞技健美操是以人体动作作为表现自己的物质手段，同时也以人体的动作作为表情达意的艺术，它以具体可视感的形象高度显示出人的灵巧、力量和智慧。在竞技性健美操比赛中，运动员内在的精神气质和外在的动作表现的统一，是表演艺术水平的体现。运动员通过面部表情，融合音乐，更好地体现动作的艺术内涵和动作意境来感染观众。运动员通过自身的表现力及自身的动作来展示竞技性健美操项目的艺术表现美，艺术表现是健美操运动员自信能力的体现，是超越自我的展示，体现了人类的综合素质。

竞技健美操的艺术表现力体现在各种动作能轻松地完成，自信能力强，动作舒展优美，有力度感，节奏感好，动作与音乐紧密结合，能感染观众和裁判，给人深刻的印象，使人得到美的享受。竞技健美操作为这样一种具有极高艺术性的体育竞赛项目，竞赛评判对其艺术性方面的要求使它的创编更加复杂，更应该注重遵循艺术性原则。创编时，首先，要注重整体结构设计的艺术性，整体结构设计合理才能产生悦人的节奏感和美感。其次，要注意音乐选配的艺术性，与健美操的结构相吻合的音乐往往能起到推波助澜、锦上添花的作用。最后，要注重队形动作设计的艺术性，选择最能展示动作美的队形，编排最能体现队形美的动作，这样才能使整套操的风格更加鲜明、统一。

4. 针对性原则

运动员个体之间存在着巨大的差异，除自身的个性特征外，在身体素质、运动能力、表现力以及技术、外形等多方面也是千差万别的。所以在编排的过程中要充分考虑这些因素。

针对性原则是要针对项目的特点进行编排。竞技健美操比赛一般设有男女单人操、混合双人操、三人操、集体操、有氧舞蹈和有氧踏板7个项目。单人项目没有配合问题和队形的变换，其丰富独创和动作设计是创编的核心。集体项目创编更强调整体性和一致性，讲究队形变化的多样和流畅，同伴与配合动作的巧妙组合，以及整套动作的完美效果。

5. 竞技性原则

新规则要求"要在动作素材的选择上有创新性，力求别出心裁富有弹性"。胡跃华在《谈普及性健美操的创编》中指出，"单个动作的设计要有针对性，展现竞技健美操的竞技性"。

在竞技体育领域，展示超人的竞技性是最主要的目的。在比赛中，运动员通过对整套动作淋漓尽致的表现，既能够展示自身的超人能力，又能够充分体现此项运动的竞技性。由此看来，在编排的过程中竞技性原则也起着举足轻重的作用。

6. 创新性原则

创新是健美操运动发展的永恒主题。在日益激烈的竞赛场上，负责动作编排的工作人员不能墨守成规固定模式的动作，必须进行不断的探索和大胆的创新。创新已经成为健美操运动不断发展的方向和趋势，成套动作编排的创新性对成绩的优劣起着决定性的作用。所以在编排的过程中一定要本着创新的原则进行，只有这样才能编排出匠心独运的动作。

在创编一套动作前，我们要了解规则，才能在创编中有目的、有方向、有尺度，只有这样才能使成套动作的艺术性与艺术魅力展现得淋漓尽致。

具体做法是：

主题在成套中可选择一个表现的主要内容，在成套中恰当地加以描述，使成套动作产生戏剧性效果。但需要注意的是，每个动作必须体现竞技健美操的特点，编排中可通过动作使主题与其他因素有机地结合，主题要能够突出独特性。如果没有具体的主题，则应该围绕着成套音乐的风格来进行创编，特别是音乐所能给予创编者的启发与灵感。

音乐优美完整及独特的音乐风格是展现动作与艺术性的动力。音乐具有完美的表现形式，它可以为创编者提供创造的源泉，并使创编者产生灵感。很好地运用这些表现手段，可以突出艺术效果，并给动作带来生命。在创编中，应对音乐的结构、节奏、旋律、配器等诸多因素进行分析，找出动作与音乐的结合点。需要注意的是，音乐的选择必须有利于体现竞技健美操的特点。因此，在创编中音乐是不容忽视的。

动作设计、健美操组合的编排、不同的队形，这些必须都是新颖的、与众不同的、不可预见的，并且通过运动员的动作和表现与音乐风格完美地结合起来，再加入一些以前无人做过的具有特殊感觉的动作，配合服装的整体效果，表现出与主题之间的密切联系。

（二）健身性健美操创编原则

要创编出优质的健身健美操动作与套路，仅具有正确的想法是远远不够的。所以，健身健美操在创编过程中，要以最终达到满意的效果为核心依据。在创编过程中要着重采用因目的任务不同而导致成套编排的结构、动作难度、动作特点、音乐速度等诸多创编因素不同的创编意识，进行有明确性、有实效性的创编。

1. 全面性原则

健身健美操创编的全面性原则是指在健身性健美操创编中，以全面发展人体的健康需要为前提。必须考虑人体参与运动的部位，使身体各部位的肌肉、韧带、关节得到全面发展，内脏器官机能得到充分改善。在创编中遵循全面发展身体原则，主要是由健身性健美操的目的决定的。健身健美操目的之一就是通过健身性健美操的锻炼，能够使身体各部位的关节、肌肉、韧带和内脏器官得到参与和锻炼，从而促进身体功能、身体素质以及运动能力全面协调发展。所以创编的成套动作要尽可能使身体各部位都得到充分锻炼，这样才能真正达到全面健身的目的，从而能够充分体现健身健美操的特点。

2. 合理性原则

健身健美操更注重身体锻炼的实效性，而一套健身健美操的锻炼功效首先取决于该操动作的选编、动作顺序的设计和运动负荷的合理安排。因此，合理性原则是体现健身健美操科学性从而取得锻炼实效的一项重要原则。

健身健美操合理性原则是指在健美操创编中，严格遵守人体运动生理解剖

127

规律、运动负荷曲线，并以此为依据选择创编的方法、形式、内容和技巧。为了提高创编的科学性，在健美操创编中要遵循合理性原则，防止创编的动作违背人体生理解剖规律造成运动损伤，或因运动负荷不合理而造成运动疲劳，为练习者建立最科学、最可靠、最安全的保障，提高健身效果。

3. 针对性原则

针对性原则是指在健美操创编的过程中要针对参与者的不同年龄、性别、运动水平以及心理、爱好、接受能力等，对参与健美操练习者需求的不同侧重进行针对性的创编，做到因人而异，对于不同的练习对象，其动作的接受能力及表现能力都有所差异，因此在编排时应注意动作难易程度、动作的风格及练习的强度，有针对性地选择切合实际的练习方法和手段。

4. 创新性原则

健身健美操的创新性原则是指在健身性健美操创编中，成套的设计必须要有令人难忘的、与众不同的新颖感觉，它必须展现音乐、动作设计与配合的独特创造性结合。健身健美操要敢于创新，敢于突破旧的传统。可以说创新是健身健美操的生命，没有创新就没有健身健美操的发展。此外，创新性原则主要应了解国内外健身性健美操的发展现状和趋势，以便总结、继承和发展已有的创作。因此，在健美操创编时必须遵循创新性这一重要原则。

二、健美操创编方法

（一）竞技健美操创编方法

1. 前期的构思

善于从对一个事物的思维，联系到另一个事物或几个事物的思维。创造性思维的本质在于发现原来以为没有联系的两个或几个事物之间的联系，因此，联想可为创造性思维起到积极的引导和铺垫作用。知识和经验越丰富，联想的广度和深度越大，越容易产生意想不到的创造性结果，如联想能与边缘学科的知识有机结合，将会产生更高价值的新思维。创新需要灵感，灵感思维是指突如其来的对事物的本质或规律的顿悟与理解，以及使问题得到解决的瞬间思维形式。捕捉灵感的能力是指具有将瞬间即逝的灵感思维紧紧抓住，并及时加工成创新设想的能力。灵感思维的出现，人们往往没有心理准备，很容易稍纵即逝，所以要及时记录下灵感思维的内容，保持思维适时向纵深扩大思维成果。

2. 素材积累

观看比赛录像，从比赛套路中汲取精华内容作为素材，然后为自己的成套动作设计选择和积累素材。一般在观看比赛套路时，主要应关注以下5个方面。

（1）**成套动作结构**

成套动作结构是指在观看比赛套路时主要观看成套动作（包括操化组合、难度动作、过渡连接、配合、托举等）与音乐结构的关系，即音乐段落与动作段落、音乐情绪与成套动作表现的情绪以及音乐高潮与动作高潮是否能有机结合。

（2）**难度动作选择与分配**

难度动作在成套里的分配是指在观看比赛套路时主要观看成套动作中难度动作的选择和分配规律。首先，是难度动作分值的分配；其次，是难度动作组别的选择；最后，要观看难度动作在成套动作中的位置及空间运用。

（3）**操化与动作的创编与连接**

操化与动作的连接是在观看比赛套路时，主要观看成套动作中操化与其他动作（难度、过渡连接、配合、托举等）的连接编排，观看一个动作的结束是否是另一个动作的开始，观看他们是如何编排的。

（4）**过渡与连接的编排与连接**

观看比赛套路时主要观看过渡与连接动作的选择，新颖的过渡与连接动作会给人留下深刻的印象，同时烘托成套动作的表现。通过观看过渡与连接动作的编排，将会给人以提示和启发，使之用于自己成套动作的创编。

（5）**托举与配合的创编**

观看比赛套路时主要观看成套动作中托举动作编排和特点。成套动作中托举与配合最能体现成套动作的构思和音乐的主题，因此托举与配合的创意对成套动作的创编有非常重要的启发作用。

（二）健身健美操创编方法

健身健美操的创编是以增强体质，培养人的外在形体美和内在气质为目的。它必须是以人体结构特点，根据人体活动规律和活动对身体影响的效果，以及创编者对美的认识、对现代艺术的理解为基础的。因此，人体解剖学、运动生理学、运动心理学、运动医学等都是创编健身健美操的必备知识。

1. 选择素材与动作设计

健身健美操动作素材的收集是健身健美操创编的前提之一。只有拥有了大量的动作素材，才能创编出丰富多样的健身健美操动作。健身健美操素材来源于身体各部位，再形成不同形式、不同类型、不同组合的系列动作。身体动作只要不违背解剖结构都可以纳入健身健美操素材。通过收集资料，把平时学习与积累的素材进行加工、整理和设计，然后确定适合目标动作的风格特点来设计健身健美操的创编。

2. 音乐的选择与剪辑

音乐是健身健美操的灵魂，音乐的选择首先要符合健身健美操的特点，根据创编的目标选择音乐的风格，确定音乐的速度、长度，根据音乐的长短、起伏确定成套动作的结构与动作组合。

3. 动作的组合

在确定目标、成套结构和选择适宜的素材之后，就可以组合动作。也就是把单个动作串联起来，形成新的组合动作，再根据结构顺序创编其他动作组合。当动作组合完成之后，可以按结构框架把动作组合排列起来，审视其中连接是否流畅，如有空缺，再用动作填充和修改。

4. 成套动作的练习与修改完善

按设计好的动作练习，在练习过程中多方位地检查，对整套动作的结构顺序、连接是否通畅，以及合理性做全面检查，并对运动量和运动强度进行测试，看是否达到健身的生理负荷。根据测试结果、练习者的反馈信息及创编者的观察研究，对整套动作进行适当的修改和调整。

第三节 健美操成套动作的创编

成套动作的创编

（一）创编前的准备

规则是创编的法定依据，规则指导创编的方向，创编必须符合规则并突出个性。创编前首先要认真研究规程、规则，了解当今世界竞技健美操和健身健美操的发展现状和趋势，研究项目和运动员的特点、个性，针对规程、规则的特定要求及规定，吸收相关运动项目和艺术形式的精华，创编出令人难忘的和与众不同的成套动作，充分发挥运动员的优势和项目的特点。

健美操成套动作的创编，要通过收集、积累单个动作素材之后，再经过加工形成符合健美操特点、符合规则规程要求的成套动作，其具体方法有以下4个方面。

①积累和创编单个动作素材，进行组合动作的创编。单个动作是组合练习的最小单位，每个练习都由众多的动作组合而成，其方式有两种，即同样动作的重复和不同动作的组合。

②选择特定动作。根据运动员的体质、素质、技术水平、风格等特点，选择或创编适合的特定动作。

③选择音乐。音乐选配合适是创编全套动作成功的关键因素，好的音乐能激发人的情绪，提高兴奋性，产生美感，对创编动作极为有益。一套动作与音乐相协调，能引人进入意境，产生共鸣，会产生良好的表演效果。

④整套动作的构思和总体布局。规则对时间有一定的要求，选择的音乐和创编都以此为依据。

主体部分，占全套操的大部分节拍，其内容丰富多彩。竞技健美操动作幅度大，动作刚劲，节奏快，强而突出，一般多采取一拍一动与一拍两动交替的做法，这种节奏上的变化，为快速节奏的运动提供了调节、缓冲身体活动的作用。通常都把俯卧撑、收腹举腿安排在激烈的运动之间，作为调节运动节奏的手段，同时也更加强了动作起伏的效果。由于动作速度快，幅度大，活动强度大，可与编排成套动作的高潮联系在一起。所谓高潮，即具体体现在一串联合动作完成得十分激烈，动作速度快，幅度大，节奏强，力度更强劲，最能激发情绪使之达到顶峰。全套操如果有一个高潮，则应把它编在主体的后半部分。竞技健美操的尾声部分很短，一般不超过四个八拍，其动作速度放慢，幅度变小，活动范围缩小，进入静止造型状态。也可设计为没有尾声部分，在高潮顶峰中戛然而止，形成静止造型姿态使之动静对比明显，能收到较好的表演效果。健身健美操由于面向普通大众群体，不以竞技比赛为目的，因此，它在一定强度的要求下，结合自身身体素质来进行编排和锻炼。在编排的过程中更多地将个人兴趣和时代潮流相结合，主体动作根据不同的音乐风格要求进行创编，在此基础上迎合大众锻炼需求，最终起到强身健体的作用。

队形变换与动作安排要考虑表演效果。在成套动作中的队形变化起到活跃成套动作的气氛，增强艺术性，加强人与人之间感情配合与交流的作用。把最好、最美、最惊险的动作安排在适当的队形上，常使成套动作收到意想不到的效果。

（二）队形的编排

健美操队形的编排与变换应充分考虑以下3个因素。

①根据比赛场地设置与条件编排队形，充分考虑评委和观众的视觉角度与效果。

②根据对象的水平能力差异编排队形。适当考虑优秀选手的位置，达到良好的整体效果。

③根据参赛人数和性别差异编排队形。

队形的变化过程中应注意过渡自然、流畅、位置移动合理、巧妙，不要刻意追求场面上的活泼。队形的设计要丰富多彩，队形与动作的配合一定要协调，恰当选择与编排出最能表现动作优美的队形。在队形变换中要注意画面清晰，层次鲜明，有透视感。动作要考虑如何移动路线，造型要注意动作的面，把最漂亮的姿态留给裁判员与观众，根据整套操的特点，来设计和安排动作的路线，提高编排的效果。

（三）注意后期成套中表现力的培养

现场表现力是运动员自信力与能力的体现，是自我的展示，体现人的综合素质。具体说，表现力体现在各种动作能轻松完成、自信能力强、动作优美、有力度感、节奏好、动作能与音乐紧密配合并赋予良好的表现力，能感染观众和裁判，给人深刻的印象，从而得到美的享受。另外，在集体配合中要突出一致性，动作风格和表情的一致性，这也是表现力的一个因素，是取胜的关键之一。所以我们在生活和学习中，要注意提高运动员的综合素质，从文化艺术思想品质等方面提高。

（四）创编的完善阶段

在成套动作创编完之后，应进入最后一道工序，即修饰和完善阶段。应在训练中检查是否完全符合规则，同时要看整体效果如何，边训练边修饰完善，不断修改、增加，力求使成套动作严谨完美。对成套动作进行反复训练，提高动作的质量和熟练性。相对地讲，完善阶段要比创编阶段时间长而工作更细致。

音乐的情绪与动作风格协调，使成套动作练习更紧凑、流畅。如果不协调，则采取改变动作的开始或结束姿势，改变方向或动作节奏等加以修改。

反复修改完善定型。在成套动作成型后，在不断熟悉动作的基础上，再加以仔细推敲、修改，使之日臻完善。把定型的成套动作加以录像或文字图解记录，作为资料存档。

（五）以操为主，操舞结合式动作设计

规则要求健美操的动作必须是完整的动作结构，有明显影响身体某一部位的目的性。强身健体是健美操的主要功效性之一，在动作设计时应遵守符合强身健体和人体艺术造型的规律。在编排动作时，不仅要考虑对身体各部位的影响与发展力量、柔韧、协调、灵敏以及持久力等各种素质的练习，而

且还应在运动形态上有舞蹈造型美、外形美的特点。因此有以下要求：

1. 精心构思，力求新颖

规则规定了成套动作没有节的划分，动作重复次数少，复合性动作多，变化多，连续性强，对称性动作相应减少，行云流水，一气呵成。设计编排动作时要有新意，精心构思，可多设计粗犷、奔放、力度强、造型美、有弹性的动作。

2. 把握动作风格特点

动作风格就是创编设计动作素材的取向侧重面。如以中国武术、古典芭蕾、爵士舞、现代舞或迪斯科等动作为创作基调，将其贯通于全套动作的始终。一套健美操如果没有一个基本格调，就会显得杂乱无章，不伦不类，给人一种东拼西凑的感觉，不能体现一套操的特点。因此，把握动作风格特点非常重要。但不能出现违反规则的动作。

3. 音乐编排

运动员通过音乐的语言（旋律、节奏、调式、和声、复调等要素）创造富有感染力的音乐形象，来表达内心的激情，给裁判员和观众全新的震撼力。健美操音乐多采用节奏强劲、韵律感鲜明、曲调优美、激发情绪、振奋精神的音乐。新规则规定，在一个比赛曲目中必须出现两种以上的音乐来组合，这就加大了音乐制作的难度。创编音乐时，应根据运动员的个性风格来选材，显示出音乐本身的特性，音乐的节奏和韵律必须与身体动作相吻合。音乐突出整套动作的主题思想，加深对动作的理解，并保持自始至终的完整性，使动作在乐曲的烘托与渲染中，变得更加生动活泼，更具有艺术感染力和审美价值。

4. 编排的全面性

健美操以身体的全面发展为根本目的，因此在创编的过程中，需注重它的全面性，充分调动整个机体参与运动，使身体各部位的肌肉、关节、韧带甚至内脏器官都参与运动。此外，创编还要多编排一些具有健美操特点的动作，以提高身体的协调性和灵敏性，使身心真正得到全方面均衡发展。

第四节　健美操成套动作的评价与反馈

一、整体编排评价

（一）定初稿

选择音乐并剪辑制作—创编成套操化动作（基本步伐、手臂动作、身体方向、移动路线、头的转向、目光定位、手形变化、节奏变化）—设计开始与结束动作。

（二）记录

用速记或图解方法将成套动作记录下来，并画出路线和队形变化示意图。

（三）成套动作检查

初稿完成后，对照规则，检查成套动作创编是否吻合规则要求，对整套动作结构顺序的合理性进行检查，检查多样性与主题是否完美结合。

（四）练习与检测

运动员进行成套动作的练习，对运动量和运动强度进行测试，根据运动员对成套动作的完成质量情况，适当进行动作修改与调整。在不违反规则的同时，尽可能地节省体力，以保证成套动作的完美完成。

（五）音乐调整

检查成套动作与音乐是否浑然一体、和谐统一。再根据成套动作的结构需要加上音效，使音乐的旋律、风格与动作设计风格融为一体，达到音乐与身体动作表现的高度统一。根据运动员能力调整音乐速度。

（六）成套动作的评价

成套动作是由不同的步伐、不停的移动路线、有控制的动作、动作形式之间不停地转换及变化多样的手臂动作组成，所有的动作风格必须统一，主题突出，并紧密地结合成一个整体。

（七）队形创编的评价

在健美操集体项目的创编中，队形设计要求丰富多样，变化自然流畅、灵活巧妙，通过队形的改变，队员顺序位置的改变，队员之间距离的改变，来达到意想不到的队形变化效果。注意队形与动作配合适宜，流动队形与固定队形的合理搭配，选择最能展示动作美的队形，强调整体视觉效果。在成套动作队形的创编中，队形变化对于不同的项目要求不一样。

二、音乐创编评价

健美操与舞蹈、艺术体操相比，更强调动作的力度、表现的激情，它的音乐更趋于节奏鲜明强劲、旋律热情奔放。

在对音乐进行精心选择时，首先要分析音乐的结构、风格特点，根据运动员自身的特点、艺术风格来选择与其风格一致的音乐；要求使人激励兴奋，引发情感，内涵丰富，具有强烈的节奏感。选择的音乐必须能牵动人的情感，令人难忘，让人回味，在进行加工修饰后有利于表演、比赛，增加健美操的表演效果及感染力。

成套健美操音乐，可能是由一首或几首风格一致的音乐组成。音乐的不同节段间的选择要合理、顺畅、完整，前后乐句各组成一个乐段。所以我们在选择音乐时，应该反复聆听音乐，以确定我们所需要的节段和主体部分的乐句是否完整，根据音乐的结构、节拍数、旋律的高低起伏等确定成套动作的总体结构创编，把开始、主体、结束以及各段落的衔接与过渡流畅地连接起来。

选配音乐要注意体现健美操的特点：

①音乐节奏强劲有力、热情奔放、引发情感、内涵丰富，进行加工修饰后利于表演。

②音乐的选择，风格可以很多，不管是拉丁舞还是街舞等，都必须与健美操的风格、运动员个人特点相吻合。

③音乐风格的转换要合理，连接要流畅，转换的目的要交代清楚，不要让运动员看起来像演员。

④成套动作的音乐必须有节拍，从开始到结束都必须有明显节拍的音乐，

不能出现节拍含糊的音乐。

动作与音乐必须要吻合，不要选择纯粹的拉丁和探戈音乐，必须符合健美操的音乐特点（加上节拍鼓点）。在健美操成套动作中，为了更好地表现动作效果，常对健美操音乐进行特殊的处理，即加音效。音效有两种：效果声和人声。加音效时音量不宜太大，效果音与动作要和谐，要合拍，并且不宜太多。

第五节　健美操音乐

音乐是健美操的一个重要组成部分，不同音乐的选择往往会带来非一般的感觉，营造出意想不到的效果。音乐作为健美操的载体，其在教学和训练过程中的灵魂性作用是不可替代的，音乐的艺术意境和听觉情境使健美操别具特色。健美操之所以能作为一项独立的运动项目在教学中得到较好的发展，就在于其音乐的选取和应用上有它自身的特点，当音乐的选取和应用与健美操操化动作二者和谐统一时，才能展现出健美操的声形并茂，让人感受运动带来美的享受的同时又达到了健身锻炼的目的。

人们喜欢沉浸在优美动听的音乐旋律中，这样容易使听众内心产生强烈震撼的感觉。音乐选配前首先应该深入了解片段音乐要体现出的主题思想，然后静心倾听音乐，感受音乐带来的美感，进入真实的音乐感觉，就如自身内在的情绪与本质思想上的一些感受。通过乐曲大段跌宕起伏的韵律、强烈的音乐色彩变化、复杂音乐节奏的交叉进入，运用自己倾听音乐的经验并结合作曲家的音乐创作背景，慢慢去感受和体会隐藏在音乐中的内在真实情感，分析乐曲的织体结构、感受音乐情感变化以及产生的音乐旋律变化，并对音乐主题发展等元素进行研究与讨论，这些方面都会产生积极作用。通过上述的选配现状分析，编排者应该做出比较科学合理的评判，为健美操的形成和发展奠定基础。

一、音乐素材的主要选取来源

音乐题材是构成健美操必不可少的一项基本元素，挑选恰当的音乐题材是构成健美操音乐的主要步骤之一。通过查阅收集的一些有关健美操音乐题材的文献资料，征求和采纳专家学者和专业教练员的建议，目前健美操音乐材料的主要来源总结为以下6个方面：即原创音乐、国外流行音乐、国外民族民间音乐、国内流行音乐、国内民族民间音乐、改编音乐。

二、健美操音乐的主要特征

（一）特殊规定的音乐时间与速度

《竞技健美操竞赛规则（2017—2020）》是由国际体操联合会制定的，它规定：完整的动作所需要的时间在国家预备组1分15秒加减5秒，年龄一组和年龄二组1分20秒加减5秒。

（二）音乐节奏与节拍

节奏是音乐的重要组成部分，在音乐元素中占有很重要的位置。从宏观方面来说，它是音乐的核心，音乐规范进行强和弱的替换以及拍子的组合的变化和速度的转换，包括拍子和频率这两方面，呈现出不同的运动特点，节奏松紧都要有一定的范围。

健美操节拍的变化能将节奏分为内在和外在，可以用节拍的强弱变化以及速度来表现，这是健美操节拍变化的外在需求。强弱的要求可根据健美操姿势的改变而改变，在一些细微的力度处理上我们一般把强、弱、强、次弱的力度改成强、强、强、强；要求注意听觉与视觉的完美配合。顾名思义，健美操音乐的内部节奏变化必须能附和随时变化的健美操动作，健美操运动员的感觉由所挑选的健美操音乐成功与否来决定，使他们在整体协调和面貌方面有突出的变化，自然而然就形成了健美操的内部节奏，而这种节奏恰巧是组成健美操特色非常重要的组成部分。想要呈现出健美操的核心方向，必须将音乐、动作完美地结合起来，使观众感受到视觉和听觉的享受，让他们明白什么是艺术。

健美操竞赛规则规定：全套音乐的策划应该用"完美"一词来形容，虽然说音乐的编排不同，但是开头和结尾必须完整和顺畅。一个非常好的运动效果，通常都是用八拍子乐段，它要求必须在音乐构造上给人一种舒心与顺畅以及完整一致的感觉。除此之外，规则还要求健美操里面的音乐需要有开头、高潮、起伏和结尾。全套健美操音乐，需要由一首或几首曲式风格差异不大的音乐组合而成。音乐不一样的节段之间的选择要合理顺畅完整，乐句的前面和后面都可以组成一个乐段。而我们想要确认节拍的段落与乐曲句子的主要部分是不是整套的，可以依照音乐的构造以及节拍数和旋律的幅度大小来进行动作的创造，然后把开始以及结束还有每个段落十分通畅地结合起来。所以选取健美操的曲子时，应该反复地听。

（三）音乐旋律要有完整的乐段

旋律又被称为曲调，是几段音乐音符有规则地进行。拿它和别的重要因素相比的话，旋律在音乐中占特别重要的位置，所以它也是最重要的表现形式。之所以说"旋律是音乐的灵魂"，是因为旋律自始至终带领着音乐各方面的律动。

成套的健美操音乐，需要充分表现出它的艺术特色，也需要有开始和结尾节拍强弱的变化。不一样的旋律能够呈现的音乐的情绪也不尽相同。音乐旋律的幅度越大，健美操运动员所能感受到的情感的幅度就越显著，在表演时动作就会做得越标准。这样就能够更加凸显健美操创编者内心所想要表达的内容，健美操运动员的能力也会得以体现。健美操音乐的特征结合了拍子的强弱感和音乐的起伏变化，更能凸显健美操的艺术特征。

三、健美操音乐风格

音乐的各种因素如节奏、速度、节拍、风格等，都能对健美操带来全部意义上的改变。根据不同风格的健美操，选择的音乐风格也不会相同，音乐风格的多样性变化，能够激发健美操运动员对健美操更高层次的理解，增强健美操运动员的锻炼激情。不同地域风格的音乐也能够带动健美操拥有更强大的感染力，使观赏者在视觉和听觉上能获得更丰富的感知体验。

音乐风格（Music style）是"从一个特定的时代背景，甚至是某一种延续至今的由某一作曲家所身处时代相对应的具有代表性的音乐作品，在其中所表现出来的共同稳定的音乐风格特征"。音乐风格的形成是个非常复杂且探讨面相对较广的话题。大体来说，音乐风格主要由调的不同、音乐色彩的差异等各种音乐要素交织在一起的风格特征背景组成，音乐形态和音乐人物（音乐所搭建的情感变化桥梁以及在特定时代所产生的音乐种类）、音乐流派（在特定时代所产生的作曲家对音乐不同的理解方式，反映一个时代所表现出来的音乐风格)、音乐地域（以各种地域、种族以及各地文化的差异所展现的不同音乐风格)、音乐种类（不同音色所展现不同特色的音乐）以及音乐结构（曲式结构中的一部曲式、二部曲式以及奏鸣曲式等）等音乐结构框架所产生的思想、情感及形式的美学成分。

健美操音乐与其他音乐（抒情类音乐、小调音乐等）有着不同的区别。在选择健美操音乐时有着它自己的独到之处，选用2/4拍或4/4拍的音乐节奏比较多，音乐的选择种类选择的方向较多，选择方向主要有爵士乐、迪斯科、摇滚乐、轻音乐、交响乐（转调较多、旋律辉煌)、民族民间音乐（节拍明显、节奏规整）等，有利于健美操运动员进行动作上的整体展示。音乐在力度上的强弱对比，可以促进动作表演拥有更强的表现力，其音乐的表现力能够给听众在视觉和听觉上带来强烈的共鸣。

健美操动作以及整体编排都需要依赖对音乐风格的准确把握，以下是6种主要音乐风格的具体介绍。

（一）爵士乐

爵士乐产生于20世纪初的美国，最早在美国的南部城市新奥尔良市产生，是欧洲殖民者统治期间黑人在劳动生活中所产生的一种乡村音乐。黑人在艰苦的奴役劳动生活中创造出的劳动歌曲，主要有婚丧、社交等几种场合中所表演的散拍乐。其音乐的创作是由欧洲音乐演变而来的。在其发展的初始都是即兴演奏，全曲都采用切分节奏。新奥尔良风格的爵士乐乐队中的每个成员都要在演奏曲目的基础上达到视谱演奏的水平，他们之间的合作都是建立在互相谦让有序的基础之上，音乐进行的整体结构只有和弦这么一个简单的元素，所以爵士乐在音乐风格中往往给人一种积极向上的动感音乐。

20世纪20年代末，爵士乐的高度发展又带动了新兴的爵士舞蹈的发展。摇滚乐也是从早期的爵士乐演变而来的。爵士乐的演奏不仅仅局限于合奏，反而更多以独奏为主。即兴的演奏都是以旋律的华丽演奏为主，相比较之前的演奏方式，要求乐手拥有更加精湛的演奏技术，许多大乐队的乐手后来都成为爵士乐界的巨星。

爵士乐的主要特点：一是旋律多采用切分节奏型，这种具有鲜明特征的音乐体裁对全世界流行音乐产生了重大的冲击力；二是即兴演奏，这类音乐没有固定的调式、节奏、旋律等元素；三是运用节奏欢快鲜明的打击乐器（架子鼓、铃、军鼓、镲)，在流行音乐中具有鲜明的特征；四是拥有欢快多变的节奏型；五是拥有极强的音乐色彩上的变化；六是音乐肢体上的多元化（旋律多声部音乐）。欢乐喜悦已经成为爵士音乐风格突出的代名词，欢乐是爵士乐的灵魂特点所在。

（二）迪斯科

迪斯科源于美国，在20世纪六七十年代流行于欧美各国。迪斯科音乐是在爵士乐的不断演变基础上产生的一种新兴音乐体裁。其音乐多是一边演奏一边歌唱，其音乐的本质是在追求活泼快速的节奏，因此在音乐中也出现了大量的重复片段，正是这种重复演奏形式赋予了迪斯科音乐新的生命与力量。相反，迪斯科的音乐并不太注重其歌词内容。迪斯科音乐的主要特点是：丰富了爵士乐的节奏型，更加强调了打击乐的运用，曲式结构为单拍子，从头到尾都连续不断地重复，其独特的音乐形象使作品容易产生一种积极向上的动力感觉。

（三）摇滚乐

摇滚乐又称滚石乐，爵士乐依旧是摇滚乐发展的师祖。摇滚乐的特点：节奏有快有慢，情感中往往更具有清晰的表现力，其音乐节奏也模仿了爵士乐，依旧是一种节奏的重复，给人的听觉冲击是摇摆激动的感觉。同样，演奏者们在演奏的过程中保持了爵士乐的演奏感觉，节奏的明显、力度的大小变化都使摇滚乐在爵士乐的基础上拥有了新的高度。打击乐在乐队中还是占重要地位。

（四）民族音乐

民族音乐是指一些广为流传、具有民族与地方特色的音乐，多样化的音乐色彩与舞蹈的丰富性，体现民族地方文化风俗。具有浓烈的世界各个地方和民族地域风格，音乐形式和音乐色彩的不同，更能展现一个时代强烈的气息。

（五）交响乐

交响音乐作品也是健美操所选用的特定音乐形式（主要通过西洋的管弦乐队和一些管乐队演奏的作品）之一。交响音乐是由交响曲、协奏曲、乐队组曲、序曲、交响诗5种形式的演奏方式完成的，以及一部分比较有特色的交响乐团演奏的音乐片段。如第5届健美操世界杯法国选手使用的莫扎特的歌剧

《卡门》作为比赛音乐。

（六）轻音乐

轻音乐的类型各式各样，它的范围也更为广阔，然而现在它更多地倾向于比较悠扬、通俗易懂的音乐，所以我们无法对轻音乐进行定位。轻音乐的主题也具有多样性，但唯独不与戏剧有什么关联。轻音乐一般由轻快的舞曲、电影、戏剧、通俗、流行、舞蹈音乐、轻歌剧等这些较为主流的音乐体裁组成。整套健美操的音乐风格特点就是音乐富有力量、节奏欢快、旋律线条优美等。其次所占百分比较高的就是轻音乐，一些速度较慢的健美操都是选择了轻音乐，能够极大地让健美操运动员拥有更好的线条性舞蹈表现形式，动作的要求也在轻音乐的帮助下得到更好的延展。在近几年的健美操比赛中，很多学生在健美操音乐的选择中也多趋向于轻音乐，但也有选手选取"其他"这一项。这说明健美操的音乐越来越得到发展，受到人们的关注，其中也得益于风格、特色、节拍强弱等方面有了显著的变化。

四、音乐在健美操课中的作用

（一）选取音乐能调动情绪

情绪是影响人们进行各种活动的心理因素，而且在一定程度上是学生学习好一切知识、技能的前提。因此，在健美操教学中，教师应调动学生的学习情绪。健美操音乐有着与其他音乐明显的区别。音乐使健美操变得有声有色，更重要的是由于音乐的存在，使健美操成为一项有情有形的运动项目。从视觉享受上来说，给人以轻松优美的健美操动作，在锻炼时，音乐的注入会将练习者的注意力从烦恼的事情上转移开，比如会忘掉失意和压抑，尽情享受健美操带来的欢乐，使烦躁的内心得到安宁，从而将积极的情绪调动起来，使人具有更强的活力和最佳的心态。健美操必须在音乐的伴奏下进行练习，可以肯定地说，音乐是健美操的灵魂。这其中，声音成为展现健美操音乐形式美的重要因素，因为它能很好地激发练习者产生联想，进而调动其内心深处的情感，久而久之，使练习者内在得到更好的锻炼。从听觉感受上来说，健美操音乐大体上会呈现出节奏强劲、旋律轻快，以声音作为传导媒介能直接作用于中枢神经系统，刺激大脑皮质，提高大脑皮质的兴奋性、灵活性和协调性，进而表现出的艺术形象，有助于练习者产生积极、奋勇向上的感觉。健美操音乐常表现为抒发情怀，会跟练习者的内心情感联系在一起，牵绊着内在真实情感的流露。健美操音乐如此富有着生命力的音调和旋律，还能够给学习者以强烈的震撼和深刻的想象。

（二）选取音乐能提高对动作的记忆能力

健美操音乐是为了健美操的学习而选用的，而且在健美操动作的学习过程中起着至关重要的作用。健美操学习必须在音乐的伴奏下进行，这样不仅更有益于练习者掌握技术动作和表现技术动作，而且在一定程度上还能够帮助练习者建立正确的动作概念。健美操本身就是一种节奏感、韵律感很强的运动方式，在练习的过程中，练习者可以凭借着音乐的节奏而慢慢感受并找出动作的正确感觉。音乐鲜明的节奏性和动作表现的形象化于一体能形成一定的联系，可以使练习者引起想象和动作的自然反应。在健美操音乐中，常有不同的节奏或是同种乐器主旋的反复，这其中，有时是歌曲、和声，也有时是某种特殊的声音，例如，自然物的声音：风声、雷声等；人的情绪反应：感叹、说笑、嘘声等。在健美操音乐中可以尝试加入这些较有代表性的声音，紧接着再根据原音乐本身的特点，加入相关联的动作，再通过一定的练习，使规定动作与所选音乐形成一种比较融洽的关系，当练习者听到一个节奏，就知道此时此刻应该做什么样的动作，如此反复有目的的练习，可以培养练习者的音乐意识，从而对健美操动作的记忆产生很大的帮助。

（三）选取音乐能提高兴趣与表现力

爱因斯坦有句名言："兴趣是最好的老师。"兴趣是人们探索某种事物或进行某种活动的倾向，是一种心理特征。一旦练习者对健美操感兴趣，那么就可以促使练习者将更多的时间和精力倾注其中。随着健美操在各个学校的传播与发展，以及校园健美操赛事的举办，健美操音乐的选择性逐渐呈现出多样化的发展特点。比如说，流行音乐、古典管弦乐、交响乐、风格迥异的中国风民族音乐，都可以作为健美操音乐的素材来应用。就健美操教学的主体即学生来说，正处在青少年，每个成员个体之间兴趣必定也存在一定的差异性，而健美操音乐却在无意识中巧妙地避开了这些差异，展现出健美操的多样性，极大地吸引着学习者的锻炼热情，潜意识中提高了学习者对健美操课的兴趣。

在健美操课的学习过程中，高度的艺术表现力是这项运动所具有的特色，而健美操音乐则为这种艺术表现力提供了最基本的元素。对健美操音乐节奏的强弱和律动的速率进行有规律性的处理，会让健美操动作表现出异样的活动形式。比如说，对同一首音乐采用不同的艺术化处理之后或对不同种类的音乐采用相同的艺术处理之后，都会呈现出丰富而富有韵味的艺术表现效果。

（四）选取音乐能促进课堂教学效果

音乐是健美操课教学中的一个重要组成部分，在健美操课教学中健美操音乐起着"语言"的指挥作用和课堂练习中的口令作用。这是健美操教学中非语言艺术的体现。非语言艺术是指，教师应用无声语言、行为意识和行为表现等形式的身体活动引导或帮助学生完成教学任务的一种融艺术与趣味相结合的教学形式。在健美操教学中，首先，让学生听音乐数节拍，尤其是重音，并按照节拍来做出击掌、踏步或是简单的跳步动作；其次，可以设置在相同节拍的伴奏下完成不同的健美操基本步伐动作如"V"字步、并步、交叉步等，或是在不同节拍的伴奏下完成相同的动作；再次，可以将健美操课中某一阶段教学的组合动作作为规定套路，采用各种音乐风格来练习，从而提高学生练习的积极程度，制造一个融洽的学习氛围。最后，在健美操教学过程中，当某一个新的健美操音乐响起时，让学生先听几遍音乐，引导学生在听懂音乐的基础上进一步去感受音乐，尽可能地去理解音乐所传达的信息，久而久之，健美操音乐生成的感染力会对学生心理追求健美操课产生极深的影响力，从而促进健美操课课堂教学效果的提高。

五、健美操音乐的选择

（一）保持音乐风格与动作特点的一致性

健美操的动作特点是通过与其同风格的音乐水乳交融的配合而表现出来的，因此在健美操课选取音乐时，要保持音乐风格与动作特点的一致性。健美操音乐风格要突出、显而易见，尤其对学生来说，要让其听到音乐就明确了自己跳的是哪种风格的健美操。根据所要教授的健美操的规定套路动作的特点来采用不同的音乐风格，或是根据教师自身特色、学生对流行音乐所需求的音乐风格来选用与健美操相适应的动作。

(二)保持音乐节奏与动作旋律的协调性

健美操的独特魅力在于音乐的应用,音乐节拍的变化影响着健美操动作的变化。想要更好地与音乐节拍相结合,就要注重动作力度的变化。在音乐节拍的变化和动作表现相结合的基础上,表演便会产生共鸣,会让人觉得很规范。健美操拥有独特的动态美和艺术美,只有将其结合起来,才能体现出健美操的魅力。

在健美操的练习中,节奏是非常重要的。在健美操的日常教学中,会经常听到,"听节奏,找节奏"的相关话语,听什么,顾名思义是听音乐。在这里,节奏指的是音乐本身的节拍,例如"1、2、3、4、5、6、7、8,1×8拍"等;找什么,在做健美操动作时找旋律。在此处,节奏又另有所指,是做某个动作所需的节拍数,例如,一个并步两拍、一个"V"字步四拍、"Baby Mambo"六拍等。因此在日常的健美操教学时,教师首先要教好每个动作的旋律,然后让学生听清音乐的节奏,并主动地引导学生进行健美操的学习。

(三)保持音乐元素和教学内容的统一性

健美操课已被列入体育与健康课的教学内容里,与其他常规的体育与健康课一样,健美操的技术动作的教学在健美操课的结构中占有主要成分,而健美操技术动作的形态、速度、力量以及所体现的表现力等都受到音乐元素的调节,因为音乐可以传达健美操课的教学内容。在健美操课的教学中,由于健美操组合动作的缘故,阶段性的教学是经常被采纳的。学生在一个学习阶段中,由音乐会产生对健美操动作的自然反应,教师不用直接的语言表述,播放音乐便可以让学生做好将要学习哪种风格类型的健美操的准备。

(四)保持音乐选择与教师和学生的自身特色的融合性

在健美操课的教学中,健美操教师在教学活动中起到主导作用,学生在健美操教学活动中占有主体的地位。每位健美操教师的自身身体条件、性格、表现力以及对音乐的理解各不相同,因此在音乐的选取上要有所区别。应遵循充分发挥教师自身的个人特长为基础原则,选择适合个人特点、表现力的音乐,这样一来,在健美操教学中既能体现教师教学的个人魅力,又能在传播健美操文化知识时起到很好的模范代表作用。学生作为健美操课教学活动的对象,其年龄、性别的不同，以及个人体质的差异，再加上每个人对健美操中音乐的审美水平也不尽相同，健美操音乐的选取就要做适当的调整，否则达不到预期的教学效果。对于初学者来说，健美操音乐应当选取速度缓慢、节奏活泼明快、强度适中的曲子，这样他们从心理上对健美操会逐步形成一个积极向上的学习态度；对于有一定基础的学习者，就可以选取刚劲有力、节奏感强烈的音乐，这样可以使他们对健美操产生更热烈的求知欲。

（五）保持健美操音乐的连续性和完整性

健美操对应的音乐种类各种各样，经过删节后需衔接自然，接口处要圆滑。在前一段音乐与后一段音乐连接时，旋律要让人们听着舒服，不要出现转折的感觉，这样才不会让观众有心理落差。旋律的处理一定要得当，必须要在音符之间的衔接关系上认真处理，考虑好节奏与转调的关系，最好避免转调和变奏的出现。变奏和转调音乐在进行的过程中往往会给人一种情绪上的落差，它重在表现音乐的风格，而不考虑健美操本身所需要的稳定、有线条流向性的旋律风格，就好比在一个和谐社会总有不和谐因素存在，这个不和谐因素就是旋律中的变奏或转调，会给人们带来心情上的不愉悦。

健美操音乐的选择是一个非常复杂的过程，符合健美操所需要的音乐必须要具有一定指向性功能，能够使音乐和健美操动作完美结合。在广泛的音乐题材中，有一大批音乐素材能够适合于健美操这项运动，所以在选择音乐时，一定要注重对比，注重音乐的结构层次和表现力。健美操运动员必须要具有以下的素质：学会聆听音乐的素养，感受节奏并以肢体活动表现出来的行为能力。作为一名优秀的健美操运动员，就必须有能够欣赏音乐的能力，感受它的律动。

六、健美操音乐的运用

（一）健美操音乐运用应遵循项目的特点

1. 目的性

为了更有效地达到健美操教学的目的，使音乐的应用更有目标性和实效性，就必须突出音乐应用的目的性。健美操课音乐的应用应面向全体学生，提高学生对音乐的理解水平,发展其对健美操音乐的审美能力,培养其音乐意识为目的。再者,健美操课音乐的应用应重视音乐强度和动作负荷的控制。

2. 科学性

健美操课中音乐的应用,要与课的结构相呼应。一般来说,健美操课同其他体育与健康课的结构一样,大体上分为准备和开始部分、基本部分、结束部分。音乐的合理应用要符合学生适应学习内容的自然生物规律。在准备与开始部分,由于机体活动的生理、心理特点,任何学习开始前,学习的能力都比较低。在健美操课教学时,应配以富有朝气的音乐,可以激发学生学习健美操的热情,以此可以消除智力活动后大脑疲劳状态下的紧张程度,产生兴奋感。在基本部分,健美操课的教学此时主要以成套或组合动作为教学内容,这时利用音乐的节奏将音乐的节拍同健美操动作紧密结合起来,可以减少学生通过锻炼生成的生理疲劳,因为学生更乐意去享受健美操音乐。在结束部分,一般选用轻柔、舒缓、优美的音乐,可以使学生在运动负荷后机体得到迅速的放松,加快疲劳感的消除。

3. 针对性

健美操课音乐的应用过程中,要针对学生的特点来进行教学,尽可能做到因人而异、有的放矢。其一,针对不同性别时,音乐的合理应用要符合男女学生的心理倾向,因为男女学生对健美操的潜意识看法南辕北辙,不可能达到高度的统一。当然,为了营造更好的课堂学习氛围,可以在适当的时间给予适度的音乐类型的转变。其二,针对不同的教学环境。在课堂上教授的一般是有规定音乐的套路动作;在课外活动时,健美操音乐呈现多元化,以娱乐为主;在校际健美操比赛中,就是针对少数身体条件优越的学生专门定制音乐。

(二)健美操音乐的运用技巧

柏拉图认为:"节奏和曲调会渗透到灵魂里去,音乐性格的善或恶使听者的灵魂变得优美或丑恶。"在音乐的旋律节奏和动作卓越的表现方式下,健美操的光环就被绽放得淋漓尽致,它是人们情感表达最直接的方式之一。通过健美操所展示出来的魅力,音乐和健美操的完美搭配着实丰富了听觉和视觉的表现能力,其中的韵律有着一种自然诱人的关系。好比一部电影,如果有声音、没有画面,或者是有画面没有声音,都会使观众的感官世界缺少丰富多彩的画面,也不好理解电影中到底讲的是什么,所以说有声电影是人类一次重大的革新。然而,健美操如同有声电影,也是音乐与画面的完美结合,才能丰富观众的感官世界。欣赏的层面在不断提高,创编音乐的能力也要随之提高。只有适合它的音乐,才能使健美操的内涵展现得淋漓尽致,才能真正发挥出健美操的魅力。在创编出一套完美的健美操动作时,就要选择符合其本身所具有特征的健美操音乐,音乐的韵律能够带动健美操动作的发挥,音乐的时值也就决定了健美操的长短,音乐的结束也就标示了健美操动作的结束。一套完整的健美操动作从开头到结尾像是一部电影,从头至尾,音乐一直伴随其中。

1. 音乐的风格把握

一套完美的健美操,既能创造出属于它自己的运动形象,又能展现出特立独行的音乐风格。健美操需要一部风格独特的音乐与健美操动作以及每个动作的力度完美结合在一起,做到"动作中有音乐,音乐中有动作",让音乐完全融入健美操中,成为它不可分割的一部分。创编健美操必须提前有整体规划,知道先干什么,后干什么,用什么风格的音乐,动作的协调与节奏的配合,根据整套动作的特点选编与之风格相适应的音乐。在健美操中,音乐虽然只是一个艺术片段,但是这种艺术形象是通过肢体运动表现出来的,比语言表达所表现出来的艺术形象更加生动形象。健美操是一种直观的情感艺术,如同小孩刚生下来不会说话,但是感知其形象特点,就只能通过动作表情等特殊语言来表现。

2. 音乐的创作技巧

健美操选配的音乐是由各种特殊动作技巧来决定的,合适的健美操音乐,就要避免使用单一音乐风格形式,这种音乐会使整体的健美操表演效果大减。如果使用风格节奏旋律单调的音乐,在听觉上就会产生疲劳,自然也会引起视觉上的不舒服。所以在选择健美操音乐时,一般都是选用比较有特色风格的、音乐和声织体相对较多的音乐来衬托出健美操的动作艺术,比如选择一些像京剧曲牌、民族地方乐种等特殊风格的音乐,能够在无形之中引起观赏者在视觉和听觉上的共鸣。

3. 音乐的节奏技巧

健美操音乐的速度一般要求在26拍/10秒以上,音乐节奏和健美操运动员运动速度是成正比的。音乐的速度能够影响健美操运动员动作快慢，毕竟健美操是一个速度较快、情绪活力积极向上的成套动作，但是也不能使用过快的音乐节奏，超过30拍/10秒的速度，人在肢体上的运动就会处于相当吃力的状态，动作自然在各方面也就不那么到位了，过快的节奏稍有不慎还会出现摔倒等更多突发情况。音乐节奏在不断变化，慢板的感觉就像是人心跳规律的状态，快板就像一个人急匆匆走路。音乐和健美操本身就是在人类正常的生活活动中产生的，选择适合健美操动作变化的音乐节奏，这样的健美操表演才会让观众接受。

节奏速度上的对比，可以增添健美操整体动作的完整性特色，直到音乐结束的那一刹那，还会给人一种流连忘返、平静淡雅、耐人寻味的感觉。这样才能与前面的快板部分产生鲜明的对比，形成较强的色彩对比。在许多健美操比赛中，还有一类比较受欢迎的音乐就是民族音乐，它往往由于民族地域差异的不同，音乐的速度过于缓慢，不能够直接拿来当作比赛音乐使用，这时就需要对音乐的速度进行调整，加快速度或在里边添一些鲜明的鼓点等，有助于健美操的步伐整齐划一，使动作更加坚定有力。然而也不是所有音乐都需要提速才能使用的，没经过修改的音乐在健美操的表演和比赛中的整体感觉一定比处理过的音乐更具有整体的美感。但是也许会出现这种情况，比如，音乐节奏过于缓慢，那么加速之后出来的效果就一定比处理前慢悠悠的音乐更加有动感魅力。总之，对于音乐的选择一定要选择速度稍快、节奏清晰的乐曲。最后说明一点，鼓点使用不要过于密集，这样往往会造成健美操运动员心理上的紊乱。

4. 音乐的剪辑技巧

健美操不像别的舞蹈没有时间限制，它必须在一定的时间里完成成套动作，所以往往在使用音乐前，都需要对时间、节奏、节拍进行严格处理。健美操属于一种竞技性质的舞蹈，在比赛中，所有参赛健美操运动员一定严格按照比赛时间要求完成表演，这样才能更好地去控制正常比赛的时间与空间的分布。剪辑音乐不是一件轻松容易的事情，其一，从音乐自身角度考虑，要选用一个符合健美操整体动作的音乐风格，修改时尽量别变动音乐的风格。其二，在处理音乐节奏时，应重点考虑健美操运动员能否将动作协调起来，不能让健美操运动员的动作出现分层的感觉。音乐中一般不采用切分节奏型和复附点节奏型，音乐处理的质量在健美操整体性上起到举足轻重的作用。

在处理音乐时，从外界角度上看，一定要符合大众的欣赏水平，就是所谓的要接地气，不要出现一些比较奇怪的声音。音乐不管怎么剪辑，都要保持节拍的平稳，音乐风格也要符合健美操自身的运动特点。编辑者一定要认真把握音乐的整体风格。现在互联网上拥有各种风格的音乐，每一个音乐创作者都有他们自身的想法，所以在旋律上就会明显地感受到他们的差别。简单地把两段不同风格的音乐直接连在一起应用，编辑者要提前感受两个音乐片段会不会产生共鸣，没有共鸣的音乐就没有艺术价值。还应注意一点，简单将两个音乐片段剪辑在一起时，音乐在音高上不要出现太大的跨度，如果音高的跨度太大，势必会影响到音乐旋律的发展，成为健美操运动员控制动作的障碍之一。如果想让三个或是三个以上的音乐片段剪辑在一起，一定要保持音乐节奏速度拍号相同，不要一会儿出现4/4拍，一会儿又出现6/8拍，这样在音乐上的感觉就像一个进行曲的音乐风格瞬间变成了圆舞曲的音乐风格，两个截然不同的音乐风格容易让健美操运动员在动作节奏上失控，同时让裁判和观众也会觉得音乐和动作不协调，牛头不对马嘴，产生音乐播放错误的错觉，使用这样的音乐背景会使健美操运动员的表演大打折扣。剪辑音乐时要注意音乐的曲式结构，合理的曲式结构会使旋律线起伏有序，旋律好的音乐更容易被裁判和观众欣赏。

第八章 健美操的选材

第一节 健美操选材的依据

选材是指直接或间接地将被选者运动才能的天赋因素测定出来,并根据测试结果分析其将来的竞技能力。科学选材是研究人体运动潜力和预测健美操运动员成材可能性的一门科学,它既是训练学的主要组成部分,又属于人体科学研究的范畴,它涉及训练学、心理学、医学、生物化学、生理学、遗传学等诸多学科的内容,具有多学科、综合性的特点。"优胜劣汰,适者生存"这一规律完全适合健美操运动员选材。在科技高度发达、信息高速发展的今天,先进的训练方法已很难保密,但是健美操运动员自身的天赋才能和条件他人是无法获取的。为了增强我国健美操在国际舞台上的竞争力,健美操运动员的选材显得尤为重要。

运动训练实践和科学研究表明,健美操运动员的选材是一条能使运动技术水平提高的捷径,即选材的成功可能意味着训练成功一半。

一、健美操运动员科学选材层次

健美操属于表现难美性运动项目,健美操运动员要获得高超的运动技巧,必须高质量地掌握各种基本动作,并进一步学习、发展和创造新的技术动作。根据健美操运动员竞技能力状态转移长期性的要求,构成健美操运动员竞技能力的各部分,无论是体能、技能、战术能力、运动智能,还是心理能力,都需要经过长时间的训练才能得到明显的改善和提高。健美操运动员体能的改变,要以各生理系统机能的提高为基础而表现为高度发展的运动素质,这种生物适应机制要通过有机体逐个细胞成分的改变和代谢能力的提高这样一个缓慢的过程才能实现。

参考相关难美性项群选材层次,依据我国健美操运动员年龄特点,以及选材的任务和目的，可将选材分为初选、复选和精选3个层次。

初选：一般指基础体校、幼儿俱乐部的选材。主要是剔除一些不适合练健美操的儿童少年。

复选：一般指学校、中心体校的选材。复选是选各方面条件好的苗子进行健美操训练，在训练中进行筛选。

精选：是指各省、市、自治区、重点院校健美操队与有健美操特长生的中小学健美操队，是向国家输送人才的重要队伍。

二、初级选材

选材年龄

初级选材的年龄选择，对于健美操运动员今后的发展成材是至关重要的。以难美性项群运动项目的特点及训练周期来看，6~8岁是进行健美操启蒙训练比较适宜的年龄阶段。此阶段儿童体形初显轮廓，人体各大系统技能也正迅速发展，各项身体素质处于基本发展时期。更重要的是此阶段儿童的柔韧性处于敏感时期，为健美操运动员的身体素质训练提供了有利条件，也为今后专项运动水平的提高奠定了基础。

青少年时期，6~9岁为平衡素质、柔韧素质的敏感发展期，9~10岁为协调、灵敏素质的敏感发展期，9~12岁为速度素质的敏感发展期，13岁以后为力量素质的敏感发展期。这一年龄段的孩子活泼好动，对运动充满渴望，可使训练起到事半功倍的效果。实践证明，难美性项群奥运选手成材期大于10年，所以要使我国健美操在国际赛场上具备夺牌实力，必须从娃娃抓起。

三、选材依据

健美操选材的"3.3"理论

选材研究和实践表明，健美操运动员科学选材有3个方面，每方面有3个基本内容，称为健美操运动员选材的"3.3"理论。

第一个方面：健美操运动员选材理论三角，它包括人体生长规律、人体遗传学原理和人类生存环境3个方面。其中，儿童少年的生长发育规律是儿童少年运动员选材的基本依据；人体遗传学是健美操运动员科学选材的基础，它决定人体的运动发展潜力；人类生存环境对青少年运动能力的发展具有决定性的作用。以上三者的关系是相互依存和相互制约的。

第二个方面：健美操运动员三位一体选材理论依据，即健美操项目技术特征、优秀健美操运动模式和健美操运动员身体条件补偿的可能性。它们是相互关联的3个方面，从不同的角度论证同一个问题而构成一个不可分割的整体。

第三个方面：健美操运动员选材原理三要素，即先天因素、内在因素和潜在因素。这是从不同的角度分析健美操运动员未来发展的状况，是预测未来发展不可缺少的内容。

在健美操运动员选材中，先天因素最为重要。在同一条件下，先天条件好的健美操运动员总是高人一筹，有更好的发展前途。由此可见，先天因素这一指标对健美操项目具有较为重要的影响作用。

内在因素是指不易看到和发现对健美操运动员影响较大的因素。目前，健美操运动员的选材仅停留在观察健美操运动员外表的阶段，连对形态、素质和身体情况的初步检测都很难做到，更不用说在遗传学、心理学和生理生化方面的研究了。

潜在因素与先天因素和内在因素有关，但也有其自身特点，更多是属于预测的范畴。通俗地说，看潜在因素就是由"小"看到"大"，从"当时"估计"未来"。在少年儿童选材工作中，不能单纯地以成绩为标准，更重要的是捕捉和发现健美操运动员的发展潜力。

四、健美操运动员科学选材原则

（一）多样性原则

选材是一个复杂的系统工程，必须从生理、生化、心理及遗传等诸多方面进行综合和多指标的选材。选材方法除测试法外，还可以考虑经验法、追溯法和综合法等多方面。

（二）动态性原则

人体的生长发育是一个动态的过程，健美操的运动技术及难度也在不断更新变化，因此，对健美操运动员的选材也是一个连续的动态过程。

（三）遗传与健美操运动员的科学选材

人类的生长发育、身体形态和运动能力等在一定程度上取决于遗传因素。目前，在遗传方面选材时考虑的因素有遗传度、皮纹和遗传疾病三大方面。有研究表明：人体的身体形态遗传度在77%～92%，神经系统功能（强度、灵活性、均衡性）遗传度在90%；运动能力的遗传度50%以上在子代中表现出来，其中运动速度的遗传度为93%，绝对力量为5%，相对力量为64%，柔韧性为70%。凡遗传度高的，后天因素就不能或很难改变。为此，在健美操运动员的选材中要对选材对象的父母身高、体重、肢体比例、运动能力、个性特征以及疾病进行了解与考查，并进行某些生理、生化指标的测试，以提高选材的可靠性与准确度。

第二节 健美操选材的标准

任何一个运动项目都必然涉及健美操运动员的选材问题，健美操运动员的条件好，适合该项目的特点就能缩短训练周期，更快地提高动作质量。竞技健美操是以争取优胜为目的，有特定的比赛项目、裁判规则和评分方法的竞赛项目。主要项目包括：男子单人操、女子单人操、混合双人操、三人操、五人操5个项目。根据竞技运动类型分类，竞技健美操属于难、美的运动项目，该项目以艺术编排、动作质量、难度评分来计算运动成绩，它要求健美操运动员在难度、力度、美态等方面的技术水平都要有充分的表现。因此，体型、运动素质、心理素质是决定其运动水平的重要因素；表现力丰富、乐感灵敏、美感准确则是该项目特需的专项素质。

一、选材年龄

女：6～9岁，男：8～11岁

二、身体形态

形态是健美操运动员选材的重要内容，健美操项目要求健美操运动员的形态既要符合美学要求，又要符合健美操动作的特点。

身高、体重。从竞技健美操项目的特点及对国外优秀健美操运动员的分析中可以看出，从事竞技健美操运动员的身高一般以中等身材和体重相对较轻者为宜，身高者动作幅度大，造型美观，但重心过高，稳定性差，影响平衡动作的完成质量，动作的速度和灵巧性也相对较差；身矮者重心较低，稳定性强，但是动作幅度小，影响动作的舒展效果，不利于形态美的表现。在混双、三人、五人项目中，健美操运动员的身高差距不能太大，否则会影响配合的协调效果。

身体比例。身体比例会影响身体形态的视觉效果。健美操和武术同属难美类运动项目，对身体形态要求相似，选材时可采用以下数据。上肢长/身高的最佳范围是：0.418~0.446，上肢修长，动作幅度大而舒展，利于动作美的表现；一般下肢比躯干长5~10厘米，小腿长/身高的最佳范围是0.202~0.220；跟腱长（男：跟腱长/小腿长×100，数值为49.7±0.2者为优；女：跟腱长/小腿长×3100，数值为48.5~51.0者为优）。

身材。从视觉效果看，竞技健美操运动员应显示身体健美线条，并且在动作完成中要有身体重心较高、动作舒展的效果。因此，易选择身体强壮，肌肉轮廓明显，肌纤维呈条状，整个外形修长匀称，行走协调、自然有风度的人。选材时还应注重以下方面：颈稍长、上下肢较长者；肩关节三角肌的肌肉形状呈线条状为佳；脊柱长且有正常的生理弯曲，两肩平正、两手上举过耳线者为优；两腿要直，站立时不能是"O"型或"Y"型，上肢上举不能呈"Y"型；在健美操的难度动作中有许多旋转类型的动作，根据生物力学分析，髋关节稍小者为宜；臀大肌发达，腿部爆发力强，弹跳好。

外貌主要是指脸型、五官和气质、手形与体形。要求健美操运动员五官端正，眼睛亮而有神，眉目俊秀，气质上端庄秀丽，具有个性，整体看上去自然、英俊、挺拔。

三、运动素质

竞技健美操要求健美操运动员要有良好的力量素质、耐力素质、速度素质、柔韧素质等。现代竞技健美操有许多跳跃后成俯撑落地的动作，这些动作对手和脚有很高的冲击力，没有较好的力量素质基础做保障就不能完成高质量的动作。柔韧性好坏直接反映了健美操运动员身体关节活动幅度的大小，它是健美操运动员动作舒展、优美、高质量完成的重要因素。健美操运动员必须要有良好的柔韧素质,而且不是软而无力,而是柔中有刚。青少年竞技健美操运动员要求有较好的协调性,不仅表现在动作的学习上,还表现在音乐与动作的配合,以及与同伴的默契配合上。节奏感与动作的协调性是相辅相成的,因此,在选材时要在音乐的伴奏下进行动作的学习。

四、身体机能

身体机能主要指内脏器官系统的功能。竞技健美操由于运动时间短、强度大、单位时间内能量消耗大,属于无氧运动项目,能量来源主要依靠非乳酸能和糖酵解的乳酸能供能。根据这一特点,反映健美操运动员机能状态的指标主要有:心肺供能、心血管机能、肌肉无氧代谢能力、血红蛋白和血乳酸。

心肺供能和心血管机能。良好的心肺供能是健美操运动员进行大负荷比赛的保证。检测心肺供能最简单有效的办法是台阶试验,台阶指数越高,表明心肺供能越好。心脏作为人体的动力器官,在维持正常的心血循环,确保各组织、器官的血液与营养物的供应上发挥着重要作用。教练员普遍认为,心血管机能可用心功能指数来评定,心功能指数好的健美操运动员往往能胜任大负荷运动训练。

肌肉无氧代谢能力。青少年竞技健美操运动员能量来源主要靠无氧代谢供给。无氧代谢能力在健美操运动员做快速动作过程中起着非常关键的作用,因而是重要的选材指标。肌肉的无氧代谢能力分为无氧强度和无氧耐力。无氧强度主要取决于ATP的最大分解率和CP与糖酵解的最大合成率;无氧耐力主要取决于肌肉贮备CP的数量和耐受乳酸的能力。

血红蛋白和血乳酸。血红蛋白的含量对健美操运动员的运动能力影响很大,能反映身体机能的水平状况。研究表明,训练水平越高的健美操运动员,其血红蛋白量升高越明显,血乳酸前后的差值越大。这可作为青少年竞技健美操运动员初选、复选的评价指标。

五、心理素质

要选那些热爱专项、有集体荣誉感、有良好的意志品质、果断勇敢、作风顽强、好胜不服输的青少年儿童；要选那些在训练比赛时注意力集中、善于思考、理解能力强、想象力丰富、性格开朗、精力充沛，具有创造力的青少年儿童。在神经类型上以选择那些活泼型和安静型的青少年儿童为宜。

六、技能表现

健美操运动员的表现力也非常重要。根据规则规定，表现力和优美性有综合评定标准。一个优秀的健美操运动员必须要有自己的独特风格，造型漂亮，动作轻盈，能感染裁判和观众，使人看后印象深刻，这样才能在竞赛中取胜。可从动作连贯、姿态稳定、表演自然、优雅、激情，动作的速度和力度等方面观察健美操运动员在技能表演中的表现力。

七、选材指标

健美操运动员的选材指标要从健美操项目的特点和技术的要求来考虑。由于健美操动作的难度不断发展变化，空中转体动作的逐渐加强，对健美操运动员运动能力的要求也日益提高。

第三节　健美操选材的注意事项

一、在选材中应注意的形态问题

人类各类形态指标多属基因遗传，其遗传度除少数指标外均较高，这一点应在选材中引起重视。竞技健美操项目由于动作多类、技术复杂，人体的各部分都要参加到各种静力和动力性的用力动作中，肢体的长度和比例关系又直接影响着技术的形成和动作难度的发展及美感，所以对健美操运动员的形态选择要考虑动作展示的效果和有利于动作造型优美的效果。

（一）身高

人体身高的变化，不仅受环境影响，而且受遗传的制约。在选拔健美操运动员时，应把身高遗传的影响放在首位考虑。我国男性身高增长最快为12～15岁，17岁以后基本趋向稳定；女性身高增长最快为10～13岁，15岁以后基本趋向稳定。

身高在各运动项目的选材中是一项重要的条件，因此，预测青少年未来的身高成为大家最关心的问题。我国地域辽阔，人口众多，各地区差异较大（环境、气候、经济、文化等），身高本身又受多种因素的影响，如果仅凭单一方法试图准确预测，有一定的难度。目前比较可行的办法是建立各省、市、地区的骨龄预测身高系统，进行综合分析预测。可用以下公式表示：

未来身高=（本人现在身高/本人骨龄年龄占本地区最终身高的百分比）±本地区最终身高的1/2标准差。

它的优点是：以本地区最终身高作为100%来考虑，算出本地区各生物年龄（骨龄）占本地区最终身高的百分比。这反映了本地区的情况。同时，它又以本人的生物年龄为依据，用本地区最终身高的百分比去除本人现有的身高来预测今后的身高，所以反映了本人的发育特点。这一方法的可靠性较大，但仍无法帮助估计与反映出在人的生长发育过程中，环境、体育锻炼、营养等因素对其身高的影响。这一公式对正常发育的青少年的预测比较准确，而对早发育者和推迟发育者而言，则与其他预测法一样存在误差。

另外一种预测未来身高的方法是：

儿子身高=59.699+0.419×父亲身高+0.265×母亲身高

女儿身高=43.089+0.306×父亲身高+0.431×母亲身高

（二）体重

体重的后天变化比较大，同样遵循两次突增变化的规律。人出生后体重增长最快的是青春发育期。男性体重增长最快在12~15岁，女性增长最快在10~13岁。

选材时，不能单一地用体重来反映一个人的发育过程。常用的克托莱指数［（体重/身高）×1000］来反映青少年在发育过程中体重与身高的合理比例关系。它的合理性在于，身高主要受遗传因素控制，而体重则更多受环境、营养、体育锻炼因素影响。

（三）指距与（指距−身高）指数

指距的增长变化与身高变化的规律相似，增长最快的阶段，男性为

12~15岁，女性为9~15岁。

我们常用（指距-身高）指数来反映指距的长短。（指距-身高）指数越大，说明上肢就越长。指距的长短与竞技体育许多项目的成绩和技术直接相关。如竞技健美操运动员的直角支撑动作、健美操操化动作的幅度等就与指距的长短有关，对成绩与技术的发挥产生直接的影响。

（四）胸围

胸围的变化受环境的影响较大（疾病、营养、体育锻炼等），但它又受遗传度较高的胸廓形态的制约。胸围的大小，经常能间接反映出内脏器官的功能与躯干力量的大小。因此，选材时应予以注意。

（五）下肢长

下肢长受先天遗传因素控制，遗传度较高（男性为77%，女性为92%）。下肢在生长发育过程中，遵循"向心规律"，在青春发育期增长最快。男子在12~15岁发育最快，16岁以后趋于稳定。女子在11~13岁发育最快，14岁以后趋于稳定。

（六）跟腱长

跟腱是由腓肠肌和比目鱼肌构成的人体最大的肌腱，它保证维持人体直立姿势的平衡。我国一般人的跟腱较短，踝围长度与跟腱长度的比值指数较大。对于健美操运动员来说，要求青少年的跟腱较长、踝围细，该指数的比值较低。

（七）足关节

足关节是运动支撑的主要结构。它支撑的好与坏、发力的快与慢及在一定范围内的灵活性，均与小腿和足部的肌肉力量有关，并直接影响到下肢的最后用力的速度。

二、选材中应注意的运动素质问题

身体素质是掌握和提高运动技术和技能的重要基础。根据规则中的难度分类及对各难度动作完成情况的要求描述分析，竞技健美操运动员除要有较全面的素质外，更要具备良好的力量、速度、耐力、柔韧性、灵敏与协调性等素质，它们直接影响健美操运动员的发展，也是健美操运动员选材的一个重要方面。

（一）力量素质

力量素质与肌肉系统有密切的关系。力量的大小与肌纤维的类型、肌纤维的横断面积大小、肌群之间发育的协调等有关。力量素质的变化与肌肉系统的发育相一致。在青春期，肌肉系统发育突增，力量增长很快。在青春期后期，力量素质能达到较高的水平。其后，力量增长速度虽然逐渐减慢，但一直能持续到35岁左右，不仅能保持，甚至还能继续提高，这已被健美操的运动实践所证实。

竞技健美操运动对健美操运动员的力量素质有较高的要求。《FIG竞技健美操竞赛规则》规定，裁判员对难度达到最低技术要求的动作进行评分。如跳跃类动作的最低要求是：俯卧撑着地除手脚外任何部位不得触地，这就要求健美操运动员具有良好的上肢力量和腰腹力量。一套竞技健美操动作完成的质量高低，在很大程度上取决于健美操运动员力量素质的强弱。

在速度力量、握力、背力这些素质中，速度力量受先天遗传因素的影响较大，因此，在健美操运动员的选材中应予以重视。

（二）速度素质

速度是人体以运动形式对外界刺激产生迅速的反应，并以最短的时间完成各种周期性或非周期性运动的能力。这种能力的大小，主要与神经系统（反应、灵敏、协调等）、肌肉（肌纤维类型等）有关。速度素质的遗传度较高，基本是先天性的。而在竞赛中，速度常常又是决定胜负的关键，因此在选材中须予以重视。

资料研究表明，我国竞技健美操运动员普遍在腾空时间、腾空高度上与国外存在一定的差距，在各种落成俯撑类的动作中体现较为明显：许多健美操运动员在空中不能达到一定的高度，因此无法准确优美地将动作展现出来，并且落地时无法完全做到有控制地落地，这样不仅容易造成肩关节和腕关节的损伤，而且将影响成套动作的完成质量，完成后裁判将会扣去一定的完成分。可见，高质量地完成各种跳跃是取得理想比赛成绩的必要条件。健美操练习中的跨跳、交换腿跳、科萨克跳、剪式变身跳等所有跳跃动作，均要求健美操运动员腿部各关节肌群必须具有强大的快速收缩力，才能够出色地完成各种跳跃动作。因此，速度素质应是专项训练的重点。

竞技健美操运动员由于速度素质受先天遗传因素的影响较大，后天的改造与提高较为困难，因此，在选材时对速度的要求一定要从严，起点一定要高。

（三）耐力素质

耐力是指人体长时间持续工作和抵抗疲劳的能力。这种能力，主要与人体循环系统、呼吸系统、神经系统、肌肉等机能水平直接相关，也会受到健美操运动员本身的技术熟练性、协调性的制约。神经系统要到20岁以后趋于稳定、完善，呼吸系统的功能要到25岁左右才较完备，肌肉、心血管系统要到30岁左右才定型。但耐力水平要在自然增长最快的阶段奠定基础，男性在12~16岁，女性在11~13岁。这一时期是奠定一般耐力基础的关键时期，到18~19岁自然增长趋向稳定。

竞技健美操运动员要在1分20秒加减5秒钟时间的健美操成套动作内完成"连续复杂的动作组合"，即健美操运动员将在达到27~29拍/10秒的节奏下完成各种连续完成复杂的操化、过渡连接动作以及难度动作。也就是说，1分20秒加减5秒的成套动作，如果体力不好，再好的单个动作，在成套中也表现不出来，其中不能有多于四拍的停顿。新规则加大了场地空间的评判力度，要求整套操在有效利用场地的同时，必须更好地表现出各个方向的移动路线和全部三个平面的变化，使得场地空间的变化更加复杂化和多样化，对健美操运动员下肢各肌群的力量耐力素质提出了更高的要求。

（四）柔韧素质

竞技健美操在柔韧与平衡类难度中、在操化动作中、在方向跑动中等，对髋部、肩部、胸部、腰部、手腕等部位柔韧素质的要求很高，这些部位柔韧的好坏对竞技健美操运动员训练水平的提高和成套展示的完成质量有重要影响。柔韧素质多可通过后天训练来改善。

劈叉实验，测量髋关节伸展的柔韧性。在正确的姿势下测量分叉处离地面的垂直距离或两脚跟之间的水平距离，测量3次，以厘米为单位，取最好成绩。分叉处离地面垂直距离越接近0越好，两脚跟之间的水平距离越大越好。

立位体前屈，主要测肌肉韧带的伸展性以及髋关节和腰椎的灵活性。在正确的测量姿势下测量3次，取最大值记录，数值越大越好。

"造桥"测验（后桥），测量肩、胸、腰、髋部的柔韧性。在正确的姿势下测量脐高和桥高两项数据，选取两次测量中最好的一次成绩，用"脐高-桥高"评价，数值越小，柔韧性越好。也可用"桥高/脐高"指数进行评价，数值越接近1则柔韧性越好。

肩-腕上抬实验，测量肩和手腕的伸展性。竞技健美操中的操化动作要求有力度并且舒展，肩部和手腕的柔韧性对其有重要的影响。在正确姿势的测试下，用臂长减去3次测试中最佳成绩的抬棍高度，臂上抬高度越接近臂长，则肩部和腕部的柔韧性越好，成绩越好。

旋肩测验，测肩关节的柔韧性。以厘米为单位，记录两虎口间的距离，记录两次中最好的一次成绩。两虎口间的距离越窄，则肩关节柔韧性越好，竞技健美操中两虎口间的距离与肩同宽为好。

（五）灵敏与协调素质

竞技健美操中有复杂多变的操化动作、高标准要求的难度动作和灵活多变的方向跑动，这些特点都要求竞技健美操运动员需具备良好的灵敏和协调素质。竞技健美操运动员的灵敏与协调素质越好，则越有利于竞技健美操各方面要求的完成。

反复横跨，主要测全身灵敏性和协调性。共测2次，记录最好成绩，得分越高越好。

十字跳实验，测灵活控制身体和变换方向跳的能力。通过在4个区的连续跳跃算积分，积分越高越好。

1分钟跳绳，主要测试受试者的身体协调性、动作速度，也会反映一定的耐力。计1分钟内跳成功的次数，测2次，记录最佳成绩，次数越多越好。

立卧撑，测评协调、准确、迅速地变换身体姿势的能力。在10秒内，记录合格动作次数，次数越多成绩越好。

十字变向折回跑，测评判断、快速启动、控制身体的协调能力和灵敏性。

三、选材时应注意的心理素质问题

心理素质也是优秀健美操运动员选材的重要环节。在训练和比赛中对健美操运动员心理素质都有较高要求，只具备良好的身体素质、遗传优势，而缺乏优势心理能力者，在比赛中易受内外因素的干扰而不能很好地发挥其技术水平。选材时应从气质类型、动机兴趣、记忆力、意志力4个方面考虑。

①气质类型：健美操运动员的气质类型可分为外向型和内向型。外向型可分为胆汁质和多血质，内向型可分为抑郁质和黏液质。竞技健美操要求青少年能承担较大的运动强度和稳定地完成动作的能力，同时胆大好胜，不"怯场"，有克服困难的勇气和信心，自我控制力强、抗干扰能力强，因此，不宜选择抑郁质类型者。可通过设置有一定困难条件的比赛，观察其表现。一般以多血质和黏液质混合的健美操运动员气质类型较好。

②动机兴趣：兴趣是最好的老师，只有对健美操有浓厚的兴趣，才能发挥其心理素质的作用，才能有所作为。但是兴趣一定要有持久性，只有这样才能在长期的训练和比赛中更好地保持较大的心理优势，克服遇到的暂时性困难和挫折，并保持必胜的信心。

③记忆力：记忆力是学习和掌握知识技能的先决条件。健美操的成套动作是由烦琐的操化动作、过渡性连接动作、难度动作及配合性动作组成，要求健美操运动员具有较强的记忆，特别是形象记忆。可以用重复规定时间内所学成组动作的方法测评受试者的运动记忆能力。测试方法如下：根据受试者的基本情况，设计8个八拍的成组大众健美操动作，动作不易过难也不能太简单。教练员用8~10分钟教完8个八拍的成组动作，给受试者5分钟单独练习时间，然后由受试者展示所学动作来进行测试。教练员通过受试者动作是否正确到位、是否连续流畅、动作方向的偏差等方面进行评价。评价分3个等级：良好、及格、不及格。

④意志力：健美操是一项高负荷、高强度的竞技运动，如果没有意志参与到训练或比赛中去，想要提高竞技能力或取得好成绩是不可能的。可通过训练和比赛考查受试者的意志品质。由教练员根据受试者在训练、比赛中的表现情况，综合观察以下4方面的表现，按5个等级进行评价：

果敢性：在训练和比赛中，遇到偶发事件，迅速做出判断和决定。

独立性：有独立的工作能力，少依赖，遇事有主见。

自制性：善于控制自己，既能控制自己的过度紧张、恐惧、暴怒、失望、懒惰等，又有组织纪律性，服从大局和集体目标。

坚持性：有不屈不挠、坚持不懈、克服困难的精神，有顽强的毅力。

评价分为5个等级：很不坚强、不坚强、一般、坚强、很坚强。

第九章　健美操运动损伤的预防与康复

第一节　健美操运动损伤概论

随着健美操运动日趋多样化的发展，动作难度和技术水平都在逐渐提高，健美操运动员发生损伤的概率也随之增加，严重影响了健美操运动员竞技水平的提高。所以了解健美操运动损伤的原因、特点、概念和类型，掌握简单的预防、治疗和康复手段，对有效减少健美操运动损伤有着极其重要的作用。

一、健美操运动损伤的概念

所谓运动损伤，是指在体育运动过程中造成的人体组织和器官在生理解剖上的破坏和生理上的紊乱。健美操运动损伤是指运动员在训练和比赛中所发生的各种损伤。运动损伤的发生会给健美操运动员在训练、比赛及生活中造成诸多不良影响，不但会导致运动员无法参加正常的训练和比赛，影响运动成绩，还会影响运动员的心理和身体健康，妨碍运动的正常开展。健美操运动损伤预防及治疗不当，还会给健美操运动员造成终身遗憾。

一般来说，大多数的运动损伤是可以预防的。健美操运动损伤的发生与健美操运动的项目特点、训练方法、环境因素及运动员个人技术水平等多种因素密切相关。通过对健美操运动损伤发生的原因、特点及规律等进行分析和研究，总结健美操运动损伤的类型，采取有针对性的防治措施，能有效减少健美操运动损伤的发生，对改进教学、训练及提高运动成绩提供科学的理论依据与实践指导，把健美操运动损伤的发生率及其危害降到最低程度。

二、健美操运动损伤的特征

健美操运动属于难美性项群类运动项目，其发展趋势以"难、新、稳、美、准"为主，其技术创新和难度动作的增加对运动成绩提高和项目的发展起着决定性作用。其中竞技健美操就是在音乐伴奏下，通过上下肢的协调配合，完成连续、复杂、高强度动作的运动，其起源于传统的有氧健身操，是用成套的连续动作组合，结合各种难度动作展现出运动员的柔韧性、力量等竞技能力的一项运动。

①人体比较薄弱的关节，当受到较大冲击时，容易造成损伤。上肢的许多关节如肩关节、肘关节和腕关节等，其中肩关节、腕关节是人体最多见的损伤部位，当完成动作时发力或缓冲不当时就容易发生损伤。

②某一关节突然承受较大负荷时，容易造成损伤。比如，健美操运动员在完成复杂的步伐转换、跳跃及高冲击力动作的落地时，如果下肢关节缓冲不当就容易造成损伤，多见于下肢各关节的损伤，其中膝关节和踝关节的损伤最常见。

③大幅度成叉动作容易造成下肢肌群或韧带拉伤。由于健美操项目要求运动员展示其较好的柔韧性，所以在大幅度的踢腿、劈叉跳及落地成叉的动作时，容易发生下肢肌群或韧带的拉伤，常见于大腿后侧股二头肌部位的拉伤。

④由于训练方法不当、技术动作错误、自身条件和运动环境等因素，容易造成身体各部位损伤。健美操运动损伤的发生有时是瞬间的，有时是长期积累的，在平时的训练和比赛中，一定要调整好自己的状态，保持清醒，依据科学的理论指导，才能避免健美操运动损伤的发生。

三、健美操运动损伤的分类

在健美操的练习中，由于运动训练方法不当、技术动作错误、运动场地不完善以及运动员自身条件的限制，往往会造成诸多的运动损伤。健美操常见的运动损伤分类有以下3种。

（一）按损伤部位皮肤黏膜的完整性分类

①开放性损伤：伤处皮肤和黏膜的完整性遭到破坏，有伤口与外界相通。如擦伤、裂伤、撕裂伤、开放性骨折和关节损伤等。

②闭合性损伤：伤处皮肤和黏膜仍保持完整形状，无伤口与外界相通。如

挫伤、肌肉和韧带拉伤、关节扭伤、闭合性骨折等。

健美操的运动损伤多以闭合性软组织损伤为主，如肌肉与肌腱损伤、关节损伤、腱鞘炎和骨膜炎等。

（二）按损伤后时间的长短分类

运动损伤病程按损伤后时间的长短可分为急性损伤和慢性损伤。

①急性损伤：是指在比赛和训练中一瞬间遭受直接冲击或间接冲击导致的身体损伤。主要表现为关节韧带拉伤、肌肉拉伤、挫伤、软骨损伤、摔伤和应力骨折等，其中以挫伤和拉伤最为常见。

②慢性损伤：是长期的，由于局部细微组织结构病变积累导致的损伤加重，最后引起人体相应部位组织结构变化、功能下降，或由于急性损伤处理不当转化而成的陈旧性损伤。主要表现为关节的骨关节病，是健美操慢性损伤中常见的损伤类型。主要原因是关节慢性劳损（如难度动作落地后关节小扭伤等）所引起的关节软骨慢性损伤、骨质增生等。具体表现为关节肿胀和疼痛、活动范围逐渐缩小等症状。

健美操的运动损伤通常以急性损伤最多见。据资料统计，在健美操的运动损伤中，急性的占一半以上，慢性和急慢性并存的不到一半。但也要注意由于急性损伤处理不及时、训练安排不当或微细损伤逐渐积累而形成的慢性损伤。慢性损伤虽在一时不影响训练和一般日常生活，但如果得不到及时的发现和治疗，往往在损伤积累到一定程度后形成顽固且不易治愈的损伤，这将严重影响训练和比赛，也将会极大地缩短运动员的运动寿命。

运动员技术水平的提高往往是建立在长期、系统、专业训练的基础之上的。经过长期训练，与技术相关的运动损伤不可避免。反复的专项技术训练，机体局部疲劳，对运动系统各器官产生微细磨损与刺激，长此以往，局部受力过于集中，造成了慢性劳损。对于身经百战的高水平竞技健美操运动员来说，慢性运动损伤是主要的损伤病程，是制约运动成绩提高、竞技生涯延续的重要因素之一。

（三）按损伤的严重程度分类

①轻伤：损伤较为轻微，伤后可正常参加训练和比赛。

②中等伤：损伤后不能正常参加训练和比赛，需停止部分或患处的运动

和练习。

③重伤：完全不能参加任何训练和比赛。

第二节　健美操运动损伤的常见部位及治疗方法

竞技健美操难度动作技术结构复杂，对运动员的力量、速度、耐力、灵敏性和柔韧性都有很高的要求，运动员需反复训练难度，特别是在完成支撑、转体、跳跃等高分值难度动作时，高冲击大强度动作容易引发受力部位损伤。通过查阅文献资料发现，在健美操的训练和比赛中，常见的运动损伤部位可以分为两大类，主要按人体运动器官和人体组织类型进行划分。

一、按人体运动器官划分

（一）上肢

主要部位是腕关节、肩关节、肘关节和指关节等。上肢运动损伤在健美操运动中是最为常见的，因为健美操有很多上臂的支撑和俯撑落地动作，如果技术动作不正确、力量素质不佳，就会造成意外出现，导致上肢损伤。

①主要症状：局部疼痛、肿胀、压痛、撕裂、皮下瘀青或有轻微出血，活动受到限制等。

②治疗方法：采用冷敷、加压包扎、针灸、理疗、封闭及局部按摩等方法。

（二）躯干

主要部位是腰部损伤、胸部损伤和髋部损伤等。躯干损伤在健美操运动中也很容易出现，多以腰部扭伤为主。主要原因是健美操动作幅度过大、脊柱过度屈伸及错误的技术动作等造成损伤。

①主要症状：局部疼痛，活动受限等，腰扭伤者可以牵扯到下肢，但仅限于臀部。

②治疗方法：适宜在木板床休息，采用穴位按摩、外贴活络止痛膏、内服

活络止痛药、拔火罐、针灸、理疗及局部封闭等方法。

（三）下肢

主要部位是踝关节、足、小腿、膝关节和大腿等。其中以踝关节损伤为主，多数因为运动时的踝内翻造成。另外，膝关节的运动损伤也很常见，由于膝盖的深度弯曲，会使膝关节受到很大的压力，所以不适宜的缓冲或发力姿势会造成膝关节负担过重，进而导致损伤。

①主要症状：肿胀、疼痛、局部瘀血及活动受限等。
②治疗方法：冷敷、加压包扎、针灸、外敷、理疗及按摩等。

（四）其他部位

如头部和颈部损伤等。在健美操训练时应尽量避免快速或猛烈发力的动作，另外，颈部过分负重或颈椎过分侧屈，也易导致颈椎受伤，造成运动部位的损伤。

①主要症状：肿胀、疼痛、局部瘀血及活动受限等。
②治疗方法：冷敷、加压包扎、针灸、外敷、理疗及按摩等。

二、按人体组织类型划分

（一）肌肉损伤

主要部位是大腿后侧肌群等，常见类型是肌肉拉伤和肌肉挫伤水肿等。健美操运动中的肌肉损伤多以拉伤为主，其主要原因是：第一，肌肉主动收缩时，由于训练水平不够或肌肉的弹性、伸展性、力量性比较差，肌肉猛烈地收缩超过了肌肉本身的负荷能力而导致的损伤。第二，肌肉被动拉长时，由于训练水平不够、准备活动不充分，运动时处于疲劳状态、肌肉的机能下降及协调能力下降的状态时，一旦肌肉收缩使对抗肌得不到很好的放松，结果就会被动拉长，会因超过其伸展性而导致肌肉组织损伤。

①主要症状：局部疼痛、肿胀、压痛、发硬、痉挛，伤处出现收缩畸形，严重时会引起功能障碍。运动时常伴有撕裂感，若局部出现凹陷或一端隆起，可能为肌肉断裂。

②治疗方法：当肌肉拉伤后，须立刻停止运动。轻度拉伤和肌痉挛者，用针刺疗法效果显著，若出现局部肿痛，早期应采取冷敷或加压包扎，48小时后可以用热毛巾对局部进行热敷并使用按摩，但手法要轻缓。拉伤严重者，应先在局部加压包扎，固定患肢，随后立即送往医院就诊。

（二）关节韧带损伤

主要部位是关节韧带。主要原因是由于健美操运动时过度的动作产生不同程度的韧带纤维或其附着处的断裂。韧带有较强的抗张能力，它保护关节在正常范围内活动，防止关节出现异常的活动。在运动中，当关节的异常活动超越了韧带所能承受的范围时，就容易发生韧带损伤。

1. 肩关节损伤

①主要症状：疼痛感明显及活动范围受限等，上臂外展或内外旋时疼痛感加剧。

②治疗方法：急性时局部可注射封闭，急性期过后，可采用理疗、针灸及局部按摩等方法。

2. 肘关节损伤

①主要症状：疼痛、压痛、肿胀、撕裂、皮下瘀青及活动受限等。

②治疗方法：采用固定伤肢，先使患肢休息，待症状缓解痛点集中后可用局部封闭。另外，理疗、外敷、中药或按摩都能起到很好的疗效。

3. 腕关节损伤

①主要症状：肿胀、疼痛、不敢用力、局部有压痛及活动幅度受限等。

②治疗方法：立即采用冷敷，还可以配合中药、理疗、推拿和按摩等方法。

4. 膝关节损伤

①主要症状：疼痛、肿胀、压痛及皮下可见瘀斑等。如果受伤时不能正常行走，提示可能发生韧带断裂或膝关节联合损伤。

②治疗方法：采用冷敷、加压包扎及抬高患肢等方法，急性期过后可采

用理疗、中药、外敷、针灸及按摩等。

5. 踝关节损伤

①主要症状：疼痛、肿胀、渗液及局部出血等。伤后48小时后，会出现行走困难，足部不敢触地，并伴有损伤部位瘀血青紫症状。

②治疗方法：若有出血症状，先用拇指按压止血。24小时内，应立即采用冷水冲洗、浸泡或冰袋冷敷及加压包扎，以防止毛细血管扩张继续出血；24小时后，可采用外敷中药、针灸、按摩及理疗等方法进行治疗。伤后3周，可进行踝关节功能恢复性练习。

（三）疲劳性骨膜炎

主要部位是胫腓骨、桡骨和尺骨等。多发生在参加健美操练习的初学者或是训练强度突然加大的运动员中。健美操的难度及技术动作中有很多跳跃和落地动作，如果落地缓冲不及时、场地过硬，就会造成胫腓骨疼痛或发生疲劳性骨膜炎。另外，健美操运动中还有很多前臂的支撑和旋转动作，可能使上肢的桡骨和尺骨发生疲劳性骨膜炎，如不及时调整运动负荷和运动量，便会加重病情造成危险，发展成为疲劳性骨折。

①主要症状：出现疼痛、肿胀、压痛、后蹬痛或支撑痛等。

②治疗方法：采用热敷、按摩、抬高患肢等方法，还可以用弹力绷带包扎，并辅以中药外敷、按摩、针灸及理疗等。

三、健美操运动损伤常用治疗方法

健美操运动损伤的出现，对运动员的训练以及比赛都会造成很大的影响，为减轻运动员的伤痛，促进损伤部位尽快愈合，应在伤后的不同阶段采取积极而有针对性的理疗方法，对于病后康复将产生良好的影响。

（一）闭合性损伤的治疗方法

健美操运动损伤多为闭合性的软组织损伤，其中又有急性损伤和慢性损伤之分。

1. 急性损伤

（1）早期（伤后48小时以内）

处理原则：制动、止血、止痛及减轻炎症。

治疗方法：冷敷、加压包扎并抬高伤肢。这种方法应在伤后立刻使用，有止痛、制动、止血及防止或减轻肿胀的作用。冷敷一般使用氯乙烷或冰袋，然后用适当厚度的海绵置于伤部，立即用绷带稍加压力进行包扎。24小时后拆除包扎固定，并根据伤情再做进一步处理。需要注意的是，为了减少瘢痕形成，防止肌肉及韧带无力，应尽量使出血及肿胀减轻，这是非常重要的。

（2）中期（伤后48小时之后）

处理原则：改善局部的血液和淋巴循环，促进组织的新陈代谢，加速淤血和渗出液的吸收及坏死组织的清除，促进再生修复，防止粘连形成。

治疗方法：可以选用理疗、按摩、针灸、痛点药物注射、外贴或外敷活血、化瘀、生新的中草药等几种方法进行综合治疗。这个时期理疗和按摩是极为重要的，理疗能使局部的血管扩张，按摩手法应从轻到重，从损伤周围到损伤局部，使局部的反应性产物向周围扩散，帮助吸收过程的迅速进行。

（3）晚期

处理原则：恢复和增强肌肉、关节的功能。

治疗方法：以按摩、理疗和功能锻炼为主，还有配合支持带固定、草药的熏洗等方法。

2. 慢性损伤

健美操中的慢性损伤主要由急性损伤治疗不当转变而来，有的则是在运动中不断劳损，由小创伤逐渐积累而成的。病理变化主要是变性和增生。

处理原则：主要是改善伤部的血液循环，促进组织的新陈代谢，合理安排局部负荷量。

治疗方法：此时期的治疗方法与急性损伤的中后期大致相同，但应该把功能锻炼和治疗紧密结合起来。在各种疗法中以按摩、针灸、理疗、局部注射肾上腺素、1%普鲁卡因局部封闭等效果较好。

（二）开放性损伤的治疗方法

健美操项目发生开放性损伤的可能较小，但一旦出现，情况往往比较严重，因此要引起足够的重视。运动员如果发生开放性损伤，首先要保持冷静，创面用无菌消毒敷料覆盖加压包扎止血。如为开放性骨折，则应就地取材，采用硬板或棍棒将伤肢暂时固定，避免移动时加重损伤。下肢骨折，可利用健肢与伤肢捆绑在一起加以固定，并立即送往医疗单位进行下一步的处理。开放性损伤治疗的原则如下：

处理原则：改善局部的修复条件，促进损伤及早愈合和组织器官功能的恢复。

治疗方法：止血、包扎、镇痛、固定伤肢、预防感染和处理伤口。

（三）健美操运动损伤常用治疗方法处理步骤

1. 冷敷法

①用冷水浸透毛巾敷于伤处，每2~3分钟更换一次，持续15~20分钟。

②用冰袋外敷，每次15~20分钟，如感觉过冷，可在冰袋与治疗部位之间放置一层毛巾。

③用13~18℃的冷水浸泡伤肢，每次20~30分钟。

④用冰块按摩损伤部位，做环形缓慢移动，每次5~10分钟。

⑤冷镇痛气雾剂喷射，常用氯乙烷或氟甲烷，可以使伤部迅速降温。使用时一般距离30~40厘米处垂直喷射5~12秒，至皮肤出现一层白霜为止。有时为了加强治疗效果，可以在停止喷射20秒后再喷一次，但次数不能过多，以免冻伤。

2. 热敷法

①用热水浸透毛巾敷于伤处，每3~5分钟更换一次，持续20~30分钟，每天1~2次。

②用热水袋进行热敷，每次20~30分钟。

③将配好的药物加水煮沸，用蒸汽熏伤处，待温度合适再放入水中浸泡，每次20~40分钟，每天1次。

3. 理疗法

（1）拔罐疗法

拔罐疗法以罐为工具，借助热力排除罐内空气产生负压，使罐吸附在皮肤上的一种物理疗法。是通过机械刺激、温热和负压引起毛细血管扩张和皮下淤血的一种治疗伤病方法。

（2）电疗法

电疗法是利用电流对人体的刺激来进行治疗的一种物理疗法。按照不同频率和波长进行分类，可分为4种：①高频电疗法，主要用于消炎，可治疗扭挫伤、关节炎和肩周炎等；②短波电疗法，以温热效应为主，进行治疗；③超短波电疗法，用于深部损伤治疗；④微波电疗法，可穿透至身体较深部位达到治疗效果。

（3）光疗法

光疗法是利用光线的辐射作用于人体进行治疗的一种物理疗法。主要包括红外线、可见光和激光疗法，其中红外线疗法最为常用。红外线分为短波红外线和长波红外线，短波红外线可以渗透至人体较深组织，长波红外线多作用于表皮组织。通过热效应作用于损伤部位，改善血液循环，促进新陈代谢，加速渗出物吸收，促进消肿，常用于肌肉劳损、扭伤等。

（4）磁疗法

磁疗法利用磁场的物理性能作用于人体进行治疗的一种物理疗法。分为静磁场疗法和动磁场疗法，具有消炎、止痛、消肿和促进创面愈合等作用。

第三节　健美操运动损伤的原因与预防

竞技健美操项目是技能主导类难美性项目，融技能、难度、美感为一体，重视身体综合素质训练、健美操专项技术训练、心理训练以及艺术表现能力训练4个方面。运动员为了参赛制胜，不断追求高难动作，挑战体能极限。当运动员自身的竞技能力没有达到完成动作所需，特别当训练负荷加大，身体过度使用时，损伤的风险也就会加大。由于在竞技健美操训练比赛中可能引发运动损伤的因素较多，教练员、运动员不可能针对每一条运动损伤的致伤因素采取防范措施，唯有对运动损伤的主要原因进行分析并采取有效预防措施，才能将伤病发生的概率降到最低。

一、健身类健美操运动损伤的原因

（一）主观原因

指由于准备活动不充分、身体素质差、技术动作不正确、自我保护意识不强、身体条件的限制、身体状态不佳、运动性疲劳、心理障碍及缺乏顽强的意志等运动员自身造成的损伤原因。

（二）客观原因

指由于场地、器材、服装、保护措施不当、训练方法不正确、运动量过大、持续时间过长、运动负荷不合理等造成的损伤原因。

二、竞技类健美操运动损伤的原因

（一）运动损伤的潜在原因

1. 竞技健美操项目特点

竞技健美操是一项在音乐伴奏下，能够表现连续、复杂、高强度成套动作能力的运动项目。该项目起源于传统的有氧健身运动：成套动作必须通过连续的动作组合，展示出运动员柔韧性和力量、七种步伐的多样性操化动作组合、结合难度动作完成成套动作的竞技能力。随着项目的发展，它已表现出对运动员无氧代谢能力的高要求。竞技健美操竞赛规则规定成套动作的完成时间为1分20秒加减5秒，机体的能量主要依靠糖酵解供能系统无氧供能，对机体刺激大，要求运动员具备超强的乳酸耐受力。

竞技健美操难度系数大、动作技术复杂，需要运动员以柔韧性、协调性为基础，以力度、力量为核心，以耐力为保证来完成高难的、连贯的技术动作。在成套动作中，运动员得承受一次及以上的高强度撞击，极易造成相关受力部位负荷过大，出现损伤。在成套动作完成中，难度动作风险系数最大。

2. 人体生理结构特征

竞技健美操难度中，手腕支撑、立踵平衡、蹬地起跳、文森成俯撑等动作对人体的腕、踝、膝、腰冲击力较大，而以上部位在生理构造上对大强度、高冲击动作的耐受力较低。腕关节由尺桡骨远端及8块腕骨组成。腕部的韧带装置复杂，其运动损伤的发生率取决于运动中上肢的使用、暴露和接触程度。组和组难度中腕关节支撑转体动作，手腕过度前伸并旋前，重心偏向尺侧反复旋转碾磨牵拉，容易引起肌腱、韧带、筋膜的扭伤或撕裂，以及腕三角软骨盘的损伤。

踝关节由腓骨远端和外踝组成。由于内踝比外踝短、内翻肌群力量强且踝关节韧带较弱，在跖屈内翻位松弛，这种骨骼解剖特征使踝关节在外翻、背屈位相对稳固，在跖屈内翻位松弛，在完成跳跃类腾空落地动作时，踝关节位置协调不及时或重心偏移，容易内翻并崴脚，引起外踝带的损伤。同时，竞技健美操高冲击力步伐需要运动员在立踵的状态下完成，踝作为竞技健美操动作的主要支撑及发力部位，关节韧带负荷大，易发生损伤。

膝关节由胫骨上端、髌骨、股骨下端构成，是人体中最复杂的关节。膝关节的形状是滑车球窝关节，它的基本运动是屈伸。在膝关节屈曲时，可以做幅度不大的内旋和外旋运动，但在任何时候都不能做外展和内收运动，否则会引起侧副韧带的损伤。当膝关节突然伸直或屈曲，内外半月板会向前后两个不同的方向运动，即会引起半月板损伤。竞技健美操腾空落地动作多，运动员在缓冲不足的情况下突然屈膝，半月板损伤的危险性加大；且在持续的训练中，反复挤压、频繁持续的屈伸，膝关节周围肌腱、滑囊容易出现炎症，肌肉出现扭伤。膝关节一旦出现运动损伤，恢复难，危害大，需要教练员、运动员在日常训练中加以关注。

腰作为整个身体的枢纽，腰部肌肉、韧带和筋膜受到反复牵拉，导致有关肌肉、韧带纤维少量撕裂，出现小量出血、水肿，瘢痕粘连，形成慢性腰痛概率较大。

（二）运动员运动损伤的直接原因

人体易伤部位在大强度负荷下才会出现损伤，运动损伤潜在因素虽客观存在，但若没直接原因的作用也不会发生损伤。在此，从损伤发生的必要条件入手，找出运动损伤的直接原因。运动损伤是在体育运动过程中发生的损伤，运动损伤的发生离不开两大必要条件，一个是"运动员"，另一个是"在体育运动过程中"。

运动员是发生运动损伤事件的主体，运动员竞技能力不足是运动损伤的内部原因。当运动员竞技能力达不到所练习动作的强度负荷要求、运动刺激超过身体承受范围，从而引发损伤。竞技健美操属于技能主导类表现难美性项群的项目，运动员竞技能力与运动员自身的体能、技能、战术、心理和智能有关，其中体能、技能和心理起主要作用，若运动员在自身能力方面出现短板，身体对强度负荷的承受能力降低，出现损伤的概率就会增加。

在体育运动过程中，离不开体育运动和运动时的外在环境等物质保障。在训练比赛过程中，超负荷的运动及不合理的训练方式是运动损伤的致伤条件，运动损伤发生在训练过程中，训练方式和运动强度负荷直接作用于运动员，科学的训练能够减少运动损伤的发生。因此，保证运动训练参赛的科学程度，对运动损伤的预防有积极意义。必要的医疗器械、医务监督等医疗保障可以帮助运动员缓解运动疲劳，帮助身体恢复并预防损伤；竞技健美操运动员需要在特定的空间环境中参赛训练，符合规格的场地、必要的辅助器械为健美操运动员的科学训练提供了物质保障。

1. 运动员运动损伤的训练因素的分析

竞技健美操的训练围绕着运动员身体素质的提高、掌握并熟练动作技术而展开，训练因素是运动损伤的关键因素。训练因素的研究从准备活动不合理、综合身体素质训练不足、调整放松不够、局部负担过重4个方面展开。

（1）准备活动不合理

准备活动不合理导致损伤的产生。准备活动分为调动机体各种器官系统的一般性准备活动和直接为基本部分服务的专门性准备活动。竞技健美操准备活动所采用的练习方式因运动员自身状态、课程训练内容会有变化，运动强度逐步上升并可接近基本部分主要内容及要求，从而起到调动身体各部位机能状态，预防运动损伤，为接下来的训练课或比赛做准备。

（2）调整放松不够

竞技健美操成套动作要求运动员展现良好的无氧耐乳酸能力，对上下肢进行精确的控制，只有经过大运动量高强度的训练才能使运动员获得适应项目要求的身体素质，才能轻松完成整个成套动作。运动员在缺乏调整放松的情况下,身体容易出现过度疲劳,过度疲劳是人体在经常承受大负荷训练条件下,因疲劳积累而引起机能明显下降的一种病理反应。

(3)局部负荷过重

运动训练负荷贯彻于训练的始终。教练员在安排运动负荷时,如果没有充分考虑运动员的生理特性、身体素质,安排的运动负荷超过了运动员本身的生理负担量,尤其是训练中运动量安排过于集中于某一部位,形成局部负担过大,引起微小损伤的积累发生损伤,这是专项训练中造成损伤的主要原因。

(4)综合身体素质训练不够

国际健美操竞赛规则引导竞技健美操向着高难美的方向发展,快速变化的操化动作、惊险的难度动作均需要运动员具备出色的力量、完美的柔韧性、稳定的平衡力、持久的耐力、超常的速度和协调能力,要求运动员具备全面均衡的综合身体素质。在训练比赛中,运动员不断挑战人体生理极限,当身体达不到某一难度练习要求,就易引发损伤。

2. 运动员运动损伤的体能因素的分析

高度发展的体能水平是健美操运动员竞技能力提高的决定性因素。训练主体的体能由身体机能、身体形态和运动素质构成。体能状态不良引发运动损伤的原因主要有身体素质不足和身体有旧伤两方面。

(1)身体素质不足

专项身体素质是健美操技术完成的前提和基础。当竞技健美操运动员在力量、柔韧等某项素质达不到某难度、技巧的情况下,技术动作容易错误,从而导致不必要的损伤。身体素质的发展还要符合"全面性"原则,若忽视了综合素质的重要性,依据"木桶原理",缺失的那部分素质将成为运动员自身能力的短板,持续的技术动作练习,反而容易引发运动损伤。

(2)身体有旧伤

身体旧伤是引发运动损伤的因素。高水平竞技健美操运动员比赛任务繁重,运动员不得不带伤训练、参赛,尤其是团体项目里,一旦停训,对整个队伍比赛任务的完成都有影响,因而运动员在面对能咬牙坚持下来的伤病时,通常是选择继续训练,只有在不得已的情况下才会去治疗,导致错过治疗时机,引起慢性损伤病情加重甚至引发新的损伤。因此,采取正确有效的处理应对方式、谨防损伤部位的二次伤害是高水平竞技健美操运动员面临的一大挑战。

3.运动员运动损伤的技能因素的分析

竞技健美操属于技能主导类难美性项群，对技术动作要求高，运动员运动损伤的技能因素包括技术要领错误和技术要领不熟练两个方面。

（1）技术要领错误

技术要领错误引发损伤在竞技健美操运动员运动损伤调查中的占比较高。技术要领错误是指运动员由于技术上的缺点和错误，违反了人体结构的特点和各器官系统的活动规律，以及运动时的力学原理而引起的机体组织损伤。竞技健美操要求动作完成精准到位，复杂多变的技术动作对参与活动的肌肉有较高要求。高水平运动员在练习时体能下降、精神不集中，都会导致动作偏离正确技术，出现技术错误导致运动损伤。正确合理的运动技术须符合项目规则的要求，须有利于运动员的生理、心理得到充分发挥，更须符合人体运动力学基本原理。不论何种运动技术都必须符合科学原理，具有运动的规范性和公认的动作规格。

（2）技术要领不熟练

竞技健美操难度动作的训练并不是依靠力量的大小来完成的，而是根据自身实际情况，结合运动生物力学原理，通过循序渐进的方式，慢慢掌握如何运用"巧劲"将动作以最省力的方式完成。如果只是运用蛮力，力量一旦过大、过猛，就容易发生运动损伤。运动员为了发挥潜能，攀登技术高峰，不断挑战更高难度，在新难度动作、托举或配合动作的最初学习阶段，尚未形成合理的动力定型，容易出现动作失误并引发损伤。

4.运动员运动损伤的心理因素的分析

竞技健美操运动员由于心理因素引起运动损伤，主要包括防伤意识不够、状态不佳、注意力不集中。

（1）防伤意识不够

运动员的自我保护意识强弱，对损伤的发生、康复和训练起着关键作用，是否预感发生损伤，是决定发生的损伤对后期训练有无影响的重要因素。高水平运动员在受伤后且症状不十分明显的情况下，往往严格要求自己、坚持训练而未及时治疗，随着训练强度负荷的增加，身体调整不当，往往出现运动损伤程度加重,甚至引发新的运动损伤事件。这表明,运动员的防伤意识不再是单一的有没有,而是如何在训练和比赛时将防伤意识落到实处,采用科学合理的方式切实减少损伤的发生。

(2) 状态不佳、注意力不集中

运动员在大强度、大负荷的训练后,一旦出现调整不当,容易出现身心双重疲劳,神经系统兴奋性不高,注意力不集中,随着人体本体感知能力下降,训练积极性下降,自我保护意识降低,运动员对动作完成时的身体控制能力降低,因而不能正确地评判自己对相应难度动作的把控能力。这时候,若运动员还强忍训练,运动损伤风险发生的概率就大幅上升。伤后,运动员在一定时期内对该部位的运动损伤所带来的不良心理反应还未排除,在心理上还未做好重新训练或比赛的准备,在训练比赛中会不自觉地想到之前受伤的情景,从而出现焦虑或恐惧,一旦分心,动作出现变形,运动损伤也就可能随之发生。同时,在高难动作面前,很多竞技健美操运动员都存在既想获胜又怕失误的心理,这种心理会增加对比赛的紧张程度,引起赛前过度焦虑。过度焦虑易引起情绪不佳,分散人对眼前事件的注意力,易导致损伤。

三、健美操运动损伤的预防措施

(一) 健身类健美操运动损伤的预防

1. 认真做好准备活动,重视整理放松

准备活动的内容一般包括热身运动和与健美操专项紧密结合的技术部分。在平时的训练过程中要多加注意,认真做好准备活动,防止准备活动不充分就开始参加活动。运动前的准备活动能提高基础体温,增强血液循环,降低肌肉黏滞性,增加关节韧带的柔韧性,也能调整运动前的心理,减轻紧张感和压力感。比赛时准备活动时间的长短,应根据当日运动员的状态加以控制。在正式比赛和平时训练前准备活动的水平也各不相同,要有区分。有些健美操运动员忽视准备活动,就容易引起肌肉撕裂、跟腱断裂、腰痛等情况。另外,为了更好地避免运动损伤的发生,训练后的放松运动从预防损伤的角度来看,同赛前的准备活动同样重要。实践证明,运动前的准备活动结合运动后的放松运动,可有效防止运动后的肌肉酸痛及损伤现象,而且对于精神压力的解除也有很大

的帮助作用。

2. 加强身体素质训练，全面提高身体机能

健美操的很多技术动作幅度较大，需要有较高的身体柔韧性。为避免伤病的出现，首先应加强身体柔韧性的练习，训练前的热身和柔韧性练习能够使身体更快适应运动训练。肌肉力量和弹性差、关节灵活性和稳定性差、技术不正确、缺乏坚强的意志等都会增加运动损伤的可能性。因此，应坚持全面的训练，提高身体素质，尤其是加强易损部位及相对薄弱部位的训练，形成规范的技术动作，加强意志品质的培养是预防运动损伤的有效措施。

3. 合理安排运动量和运动负荷

第一，应对训练中和易出现损伤的技术动作有清晰的了解，事先做好准备和预防措施。在正式训练时，应遵循循序渐进的原则，切忌一开始速度过快或用力过猛。另外，合理安排运动量，尤其要注意运动器官的局部负担和伤后的训练安排，防止局部负担过重和疲劳的产生。第二，在健美操的比赛中，要合理安排赛前、赛中和赛后的各项工作，及时调整运动员的运动负荷、运动量及心理状态，强调正确的技术要领，避免发生意外，逐渐使运动员身体及各项机能进入佳境，在比赛中取得好成绩。

4. 加强自我保护

自我保护能力是一种必备的技能，指在训练和比赛中根据具体的条件随机应变所具有的较强应变及自我控制的能力。如身体失去平衡时顺势侧倒、前滚、变大步幅为小碎步快速缓冲等，切忌不能直臂，反关节撑地等。但这些都要求运动员有较强的肌肉感觉和自我控制能力。另外，还要加强保护的各项措施，如放置保护垫等。教练员和保护人员要掌握保护的方法和要领，及时正确地给予保护与帮助，才可以有效预防运动员运动损伤的发生。

5. 加强医务监督

要时刻了解运动员的身体和心理状态，当运动员出现状态欠佳以及病愈初期或带病训练、疲劳过度的情况要及时调整。女运动员为防止不必要的损伤，在运动训练时应避免佩戴项链、手链、耳环、手表等装饰物和锐利物品。另外，要严格实施场地、设备卫生监督，场地、器材和防护用品要定期进行卫生

安全检查。每次使用场地之前，教练员或运动员要仔细检查场地，做好场地使用前的准备工作，有损坏的场地器材设施应及时维修等。

（二）竞技健美操运动员运动损伤的预防

高水平竞技健美操运动员运动损伤风险的对策是指采取各种措施和方法，消除或减少运动员在运动过程中运动损伤事件发生的可能性，或减少损伤风险给运动员训练以及参赛所造成的损失。我国高水平竞技健美操运动员运动损伤事件的发生包括损伤发生前一系列身体适应性变化，损伤发生后一系列身体适应性变化。因此，我们可根据运动损伤发生阶段的不同特点，采取相应的措施来预防损伤的发生，减少运动损伤造成的伤害。

预防损伤主要包括：在运动损伤发生前采取措施减少或控制致伤因素，防范运动损伤；在损伤发生时采取应急措施应对损伤风险；在发生后采用治疗和康复训练的方式减轻损伤危害，促进身体恢复。

1. 全面的体能储备

运动员体能的好坏是提高竞技能力的水平和取得优异运动成绩的基础，也是运动员承受大负荷训练和高强度比赛、保持良好稳定心态的基础，而且也有助于延长运动员的运动寿命。为了参赛制胜，高水平竞技健美操运动员不断发展自身能力素质，力求动作腾空高、开度大、节奏快、运动方向丰富多变，尽可能以高标准的动作完成增强难度分。在竞技健美操成套动作的后半部分，运动员体能有所下降，体内乳酸堆积，动作变得机械缓慢，这在一定程度上会影响运动技术的发挥，因而在难度动作的选择上较前半套来说，难度分值会有所降低。教练员、运动员应该足够重视体能训练，把全面提高运动员身体形态、身体机能和运动素质贯穿于竞技健美操日常训练的始终，以保证成套动作高规格地完成。

加强运动员体能训练时要注意遵守体能训练的基本要求，要合理安排一般体能训练和专项体能训练。在进行一般体能训练时，应结合非专项身体练习以改造运动员身体形态，提高身体机能，全面发展身体素质。在专项体能训练时，要根据竞技健美操专项的需要，采用与专项训练有密切关系的专门性身体练习，发展和改善与竞技健美操的运动成绩有直接关系的运动素质。但要注意力量训练可能会给运动员带来新的负荷，教练员在发展力量素质时要执行周密的训练计划，并注意合理安排调整作息。

运动员的身体训练是预防损伤的重要手段，发展易伤部位的肌肉"保护带"是控制机体负荷的最有效措施。足够的肌肉力量能为易伤关节部位提供"保护支持带"，减少和控制作用于该部位的剪切力和扭转力，特别是在健美操易伤部位如腕、踝、膝、腰，肌肉力量能为高难度的动作技术的掌握奠定坚实基础。在平时训练中，有目的地增强关节周围的肌肉力量和韧带的弹性，加强关节的稳定性和坚固性，以提高机体的抗损伤能力。如大负荷屈伸可以加强肩、膝、肘关节的稳定与牢固；加强腹背训练可防止腰部损伤；加强大腿前后肌群训练及防止膝部损伤，注重专项身体素质的练习及爆发力、柔韧性、协调性、关节稳定性的综合训练，为高分值难度动作的完成做准备。教练员需要根据竞技健美操项目的特点，着重加强上肢和下肢的力量训练，尽可能地防止或减少运动损伤的发生。

2. 合理安排训练内容负荷

运动负荷不合理，会导致运动员疲劳累积，出现明显的体能及训练积极性的下降，身体恢复缓慢，若长期大负荷强度的训练得不到放松缓解，容易出现运动损伤。有的运动员因为局部负荷过重致伤，因此合理安排训练负荷，可以预防运动员出现过度疲劳及运动损伤。

训练内容和负荷的安排应符合竞技健美操运动员实际的水平和能力，在综合考虑运动员机能水平的基础上，循序渐进，合理安排强度负荷，实现"超量恢复"。对于在竞技健美操运动中承受负荷大且容易受伤的部位应该有专门性的准备活动，最常做的是赛前热身，通过热身使肌肉温度和体温升高，提高肌肉的收缩速度，增加供氧能力，加强物质的代谢和能量的释放，防止肌肉和关节的损伤。训练内容的安排要体现科学性，将积极性锻炼和休息相结合，从小负荷逐步过渡到大负荷动作组合练习，等自我感觉身体状态非常好时再进行难度动作的训练。竞技健美操运动训练内容和负荷的安排要体现竞技健美操的项目特点，有针对性地安排训练的量和强度，以避免运动损伤的发生。

3. 合理安排放松恢复

竞技健美操训练包括负荷—身体疲劳—消除疲劳—恢复提高这4个环节，

因而科学安排运动负荷和恢复措施，可使运动员的身体过渡到安静的状态，有效的放松运动有助于防止损伤的发生，对运动员竞技水平的提高起到事半功倍的效果。

放松调节可以帮助身体由激烈紧张的肌肉活动逐步过渡到安静，睡眠可使人体的代谢活动减缓并帮助身体能量的恢复，增加营养可使能源物质得到尽快补充。另外，一些理疗措施（如中国传统的按摩术、西方的理疗仪器）也可以有效帮助运动员减轻运动后疲劳。以上措施均是大运动量训练后消除疲劳的良好方法。调查发现，现阶段教练员均要求运动员采用保障睡眠质量，合理采用牵拉放松、按摩的方式来缓解疲劳，而药物和红外线照射提倡度较低。

4. 加强医务监督

医务监督指的是用医学和生理学、生物化学方法，对从事体育运动的运动员的身体进行全面检查和观察，评价其发育水平、训练水平和健康状况，为教练提供科学训练的依据，保证运动训练顺利进行并取得好成绩的一种手段。医务监督包括运动员主观感觉和客观检查，通过对运动员的主观反映和简单的医学指标，可以了解运动员比赛和训练中的状态，为教练员运动负荷的调整实施提供依据。定期对高水平竞技健美操运动员进行医学调查结合临床检查，有利于及早发现身体的功能紊乱和异常，从而有针对性地改善训练强度负荷并采取相应预防损伤的理疗措施，对于慢性损伤防患于未然。同时，建立运动损伤档案袋，记写训练日记，教练员定期进行查看，反馈训练效果，了解运动员的生理、心理状态，掌握运动员的损伤现状，可以有针对性地安排训练内容，起到事半功倍的效果。

5. 重视动作技术分析

竞技健美操向着高难的方向发展，难度动作结构复杂多变。运动员在练习一个新的高难度动作时，对动作技术理解不到位而出现偏差，违反人体生理特点和生物力学规律，运动损伤就极有可能发生，因而正确的技术对于运动员预防损伤、提高训练成绩非常重要。在练习新的技术动作时，教练员强调技术要点，可以帮助运动员形成对该技术动作的正确理解，采取辅助性的手段帮助运动员体会动作技术感觉，并及时纠正运动员在练习过程中出现的技术错误，减少损伤。

6. 合理安排准备活动

准备活动可以提高神经系统的兴奋性，调动身体各器官，克服生理惰性，增强肌肉韧带的伸展性，调整运动员心理状态，为训练课的基本部分做准备，起到热身防伤的效果。

运动员神经系统和内脏器官尚未充分调动，肌肉力量和伸展性差，身体灵活性、协调性受限的情况下进行高难技术动作的练习，极易发生运动损伤。竞技健美操是难美类项目，技术复杂多变，难度挑战极限，运动员将全面的身体素质以专项能力的形式展现出来，需要人体各器官高度协调、共同作用。对此，教练员、运动员应重视准备活动，防止因准备活动调动不足、热身不够而引起损伤。由于训练主体个体存在差异，需要根据训练计划和内容、训练主体状态、外在环境影响等因素因地制宜，合理安排准备活动的内容、时间间歇、负荷量，以获得理想的训练效果。

7. 加强功能性锻炼

功能性锻炼包括损伤前的预防和损伤后的恢复。竞技健美操向着高难方向发展，不断挑战人体生理和心理极限，所有的高水平竞技健美操运动员均出现过不同程度的运动损伤，因而在运动过程中对人体各个易伤部位进行专门保护性的训练是十分必要的。

预防损伤的训练主要有针对易伤关节的力量训练、柔韧性、运动感觉、本体感受功能锻炼和核心稳定性训练。其中，通过关节力量训练，加强竞技健美操易伤部位（如膝、腕、踝关节）周围的力量，可以调整关节周围拮抗肌群的力量平衡，达到关节稳定。

8. 强化心理训练

心理因素不仅控制着心血管系统和呼吸系统的功能，也会影响运动中和运动后的物质代谢，所以心理因素在训练中发挥着重要的制约作用。竞技健美操运动员在训练比赛中过度的兴奋或低落均会影响技术动作的发挥，出现肌肉紧张、动作失误或动作控制感差的情况。由于难度动作系数高，特别是组合跳与跃、托举腾空落地瞬间，差之毫厘可能就会引发急性运动损伤的发生，高水平竞技健美操运动员都应具有坚强的意志品质和稳定的心态，一旦出现心理过度紧张或焦虑,应在最短的时间内及时进行自我调整,保证竞技水平的正常发挥。

第四节　健美操运动损伤的康复训练

随着健美操难度动作的不断提高,运动损伤也常有发生,而损伤后应重在治疗和恢复训练上。现代医疗技术的改进,各种好的药物和先进的恢复训练手段层出不穷,为损伤后的训练提供了帮助,所以掌握损伤后的康复训练手段及方法是非常必要的。运动损伤的治疗应充分考虑到发病的特点和规律,及时安排各种有效措施,合理安排伤后训练,使受伤运动员早日恢复,按时参加比赛,继续提高运动成绩。

一、康复训练的目的和任务

正常训练的运动员如果突然停止训练,会使长期形成的条件反射遭到破坏,出现机能紊乱甚至产生疾病。长期停止训练还会引起肌肉萎缩,导致神经反射迟钝、关节不稳、加重创伤、延长恢复时间,对再恢复和训练非常不利。因此,受伤后除特殊情况外,不应完全停止训练。所以,伤后要进行及时的康复训练,缩短恢复时间,减少由于停训带来的一系列身体机能变化和肌肉萎缩。

二、急性损伤的康复训练

急性损伤后要保持全身或未损伤部位的锻炼,如上肢损伤时锻炼下肢,下肢损伤时锻炼上肢,并适当配合做腹背肌的练习。但要注意负荷量适当和不过于集中,不要单纯地加大未损伤部位的运动训练量,来代替已损伤部位的运动训练负荷。急性损伤的早期损伤部位可暂时不活动,有利于急性症状的消失,待症状减轻后,在不引起疼痛或疼痛明显加剧的情况下,尽早进行康复训练。

三、慢性损伤的康复训练

慢性损伤的康复训练一般应根据病理和症状安排。如损伤部位仅在做某一动作时产生疼痛和活动开以后不痛者可参加正常训练；平时疼痛和活动开以后不痛者应减量训练；平时疼痛和准备活动后仍疼痛者，应停止局部训练。另外，注意纠正易致伤的错误动作，避免反复损伤。

四、加强训练后的医务监督

伤后的康复训练要经常注意伤部反应，根据身体反应及时调整训练量和训练内容。运动量的掌握以练习后症状无明显疼痛，经一晚休息后原有症状未见加重为适宜，连续5～6天后无不良反应，方可加量训练。训练前后应加强和注重按摩，伤部应使用保护支持带。

五、恢复训练时机的判定

恢复训练时机的判定比较复杂，过早或过晚地进行恢复训练，都会对损伤和恢复训练造成影响。因此，正确判定恢复训练的时机是运动创伤康复治疗中的重要问题。

恢复训练的时机，一般由以下3个因素来判定：

①损伤部位基本功能的恢复情况。主要是肌力、关节活动度等是否与健康时相近。

②损伤的轻重程度。韧带拉伤和肌肉拉伤时恢复训练的时间明显短于韧带与肌肉断裂。

③损伤与技术的关系。健美操中损伤多发生在高技术动作的难度动作中，对技术的要求很高，所以专项恢复训练时间要加长。

此外，损伤后康复的快慢有个体差异，还应考虑伤者的心理状态，所以应以好的心态去面对损伤，积极配合治疗和恢复训练。

第十章 健美操竞赛的组织与裁判工作

第一节 健美操竞赛的组织工作

健美操的竞赛组织是一项复杂而细致的管理工作，直接影响比赛的质量和预期的效果。在赛前、赛中和赛后都要进行一系列的工作，每个环节都十分重要，一环紧扣一环，缺一不可。

一、组织竞赛的前期工作

（一）召开主办单位筹备联席会议

由主办单位召集有关部门及相关人员会议。协商比赛的时间、地点、规模及所需时间等事宜，还包括承办单位和协办单位、经费来源等。成立竞赛筹备办公室，将任务分工落实到具体的人。

（二）制定竞赛规程

竞赛规程是组织比赛的重要的指导性文件，是参赛单位、运动员、教练员及裁判员必须执行的准则，也是竞赛筹备期间的重要工作之一。一般由主办单位制定，应提前3个月下发至各单位和部门，以便参赛单位和部门有充分的时间准备并安排好各项事宜。

竞赛规程一般包括以下内容：

①比赛的名称：包括年度（届）、性质、规模、名称（包括比赛总杯名称和分杯名）如××××年"×××"杯全国健美操锦标赛。

②比赛的时间：要详细、清楚地写明比赛的年、月、日。

③比赛的地点：要具体到省、市地点。若下发规程前还未定，则要写明比赛所在的城市或待定。

④参赛资格：对参赛者的资格要具体、明确。

⑤竞赛项目：对本次比赛参加项目、内容和时间的规定。

⑥参赛的办法：说明采取什么样的比赛方式，是否分预赛、决赛；单项赛、团体赛；是否按年龄技术水平分组；如有特殊比赛，一定要将特殊比赛的方法、要求、规则写清楚。

⑦参加人数、组数及年龄：规定每个单位在每个项目报几人或几组。对运动员的年龄要求。

⑧评分办法：说明比赛采用什么评分规则和计分办法，团体赛和单项赛的录取办法。

⑨录取名次及奖励办法：根据比赛的规模说明评几个奖项，每个奖项几名，是否有奖品或奖金。

⑩报名和报到：说明报名的方式及要求，截止日期。比赛报到的时间、地点、乘车路线、联系方式和联系人都要清楚、详细，报名表附在规程最后。

⑪其他：凡不包括上述内容的所有事宜均可列入该项中。如食宿费用、预订返程票、参赛费用等。

二、比赛过程的组织

（一）比赛前的准备工作

在预测基础上制订计划并准备实施计划的过程，该过程从筹备组成立到运动员报到前为止。主要完成以下工作：

结合承办单位实际情况，对赛前各项活动内容作出计划或安排，对竞赛规程上的未尽事宜，做补充细则。

①主办单位与承办单位共同协商大会组织委员会成员，包括主办单位负责人、赞助单位负责人、承办单位和当地政府体委的负责人，上级领导机关的代表和有关知名人士以及仲裁主任、各队领队。一般设主任1人、副主任2~5人、秘书长1人、委员若干名。

②根据比赛规模在组委会下设仲裁委员会、裁判委员会及竞赛、宣传、秘书、行政、保卫、场地、医务等部门或小组。

③在报名截止后，首先要完成大会竞赛日程的安排、出场顺序的抽

签、练习场地安排、比赛场地试用等，并尽可能早些公布在专门的网站或告知各参赛队。

（二）比赛中的组织

1. 每个代表队到达比赛地后，各工作小组各负其责完成以下工作

接站、报到、安排食宿，将秩序册分发到各参赛队，使参赛队全方位地确认整个赛程，并根据整个赛程安排工作计划。

2. 领队、教练联席会议

这是每一次比赛不可缺少的重要会议。会议内容一般包括组委会负责人介绍大会的筹备情况；介绍各部门的负责人；宣布大会竞赛日程及有关规定；解答和解决参赛队提出的有关生活、比赛安排、规程等方面的问题；最后由总裁判、裁判长或高级裁判组成员就技术问题做详细解答。

3. 比赛及进行

开幕式的内容：由主持人宣布比赛开幕式开始；运动员入场式（健美操比赛一般采用2×8拍的集体操化表演）；介绍领导和嘉宾；领导讲话；运动员及裁判员代表宣誓；运动员退场。

比赛开始的流程：赛前20分钟第一次检录，赛前5分钟第二次检录时运动员要到达等候区；介绍仲裁委员会成员及裁判员；播音员宣告上场运动员姓名后，运动员示意，上场做好预备姿势；运动员完成成套动作；下场，到等分区等待；裁判员进行评分并公开示分，播音员宣布得分；记录员记录每名裁判员的分数和运动员的最后得分；赛后，记录单经裁判长确认无误后，交总记录处并公告；最后，成绩由总记录处统计后得出比赛名次。

闭幕式及发奖的程序。主持人宣布闭幕式开始；裁判长宣布比赛成绩；获奖运动员入场；请领导和嘉宾为获奖运动员颁奖；运动员退场；安排表演；领导致闭幕词；宣布比赛圆满结束。

（三）比赛的收尾工作

编制和印发成绩册；安排各队离开赛区的事宜；场地、器材、服装、用具等物资设备的清理工作；财务结算；工作总结；上报上级主管部门。

第二节 竞技健美操的裁判方法

2017年颁布的竞技健美操竞赛规则由国际体操联合会健美操委员会制定，2017—2020年执行，有效期为4年，制定本规则的目的是保证健美操比赛评分的客观性。

一、竞技健美操

竞技健美操定义：竞技健美操（Aerobics Gymnastics）是一项在音乐伴奏下，能够表现连续、复杂、高强度成套动作的运动项目。该项目起源于传统的有氧健身运动，成套动作必须通过健美操7种基本步伐以及完美完成的难度动作来展示运动员完成连续动作、柔韧及力量动作的能力。成套动作应该达到高强度的运动水平。

操化动作定义：健美操基本步伐与手臂动作的结合，在音乐伴奏下，创造出动感的、有节奏的、连续的并包含高低不同强度的一连串动作。

（一）参赛分组及设项

按照国际体操联合会健美操委员会制定的竞技健美操国际评分规则，对参加比赛的运动员根据年龄阶段进行划分：

1. 国家预备组（9~11岁）

单人（不分性别）、混合双人、三人、五人。

2. 国际年龄一组（12~14岁）

男子单人、女子单人、混合双人、三人、五人。

3. 国际年龄二组（15~17岁）

男子单人、女子单人、混合双人、三人、五人、有氧舞蹈（6人）。

4. 成人组（18岁以上）

男子单人、女子单人、混合双人、三人、五人、有氧舞蹈（6人）。

男子单人、女子单人、混合双人、三人、五人、有氧舞蹈（8人）、有氧踏板（8人）。

表10-1　参赛项目、人数及性别

比赛设项	运动员人数和性别
女子单人操	1名女运动员
男子单人操	1名男运动员
混合双人操	1名男运动员和1名女运动员
三人操	3名运动员（男子/女子/混合）
五人操	5名运动员（男子/女子/混合）
有氧舞蹈	8名运动员（男子/女子/混合）
有氧踏板	8名运动员（男子/女子/混合）

（二）成套动作比赛时间

①国家预备组以及国际年龄一组成套时间为1分15秒±5秒。
②国际年龄二组以及成人组成套时间为1分20秒±5秒。

（三）比赛场地

1. 赛台

赛台不得小于14米×14米，赛台高80~140厘米，正后方立有背景板。

2. 比赛地板及比赛场地

竞赛地板必须是12米×12米，并清楚地标出10米×10米的成年组各项目比赛场地（在年龄组某些项目比赛中使用7米×7米）。标记带是场地的一部分。

所用地板必须符合国际体联的标准，只有经国际体联认可的专业地板方可用于官方正式比赛（不具备条件的基层比赛可以酌情使用地毯）。

（四）着装与仪容

1. 总体要求

①头发必须固定在头上（盘头，额头必须露出，不得有刘海盖前额）。
②参赛运动员必须穿着让所有裁判员都能清晰辨认的白色健美操鞋和运动袜。
③只有女运动员才能化妆，且必须是淡妆。
④禁止佩戴松散、多余的配饰。
⑤禁止佩戴珠宝首饰。
⑥比赛时，不允许穿着破损的衣服且不得露出内衣或打底衣。
⑦比赛服不允许使用透明材料制作，但女款比赛服的袖子例外。
⑧不允许穿着描绘有战争、暴力、宗教等主题的比赛服。
⑨运动员身体禁止涂抹油彩。
⑩服装要符合健美操特质。

2. 出场服

所有运动员参加开幕式和闭幕式时必须穿着国家或本队统一运动套服，参加颁奖仪式时必须穿着比赛服（不符合规定将被裁判长警告）。

3. 比赛服装

运动员着装必须符合一名健美操运动员的项目特质，应给人留下整洁、合体的总体印象。不符合比赛服装条例要求的着装将由裁判长给予减分（每次减0.2分）。

（1）女子

①女运动员必须身着一件带有肉色或者透明裤袜的比赛服或者连体紧身衣（从颈部到脚踝是一体的），允许有亮片。
②紧身衣前后领口的开口必须得体，前面不得低于胸骨的中部，后面不得低于肩胛骨的下缘。
③腿部上缘的开口必须在腰部以下并且要遮住髂骨。比赛服必须完全遮住臀纹线。

④女装的两袖（1个或2个均可）可有或可无，长袖袖口止于手腕处。袖子可以使用透明材料。

⑤长裤袜和全身连体紧身衣都是允许的。

女装样例：

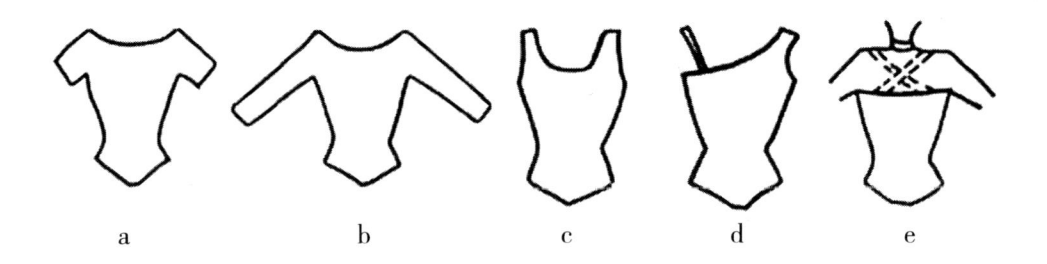

a　　b　　c　　d　　e

（2）男子

①男运动员必须身着一件长款紧身比赛服或短裤配以合体上衣或配以适当装饰物的紧身连衣裤（如腰带等）。

②服装前后都不能有开口。

③袖口处不得在肩胛骨下有开口（无袖）。

④不允许有任何亮片。

⑤3/4裤长、长体操裤（紧身服+裤子）、一件套连体服等都是允许的。

男装样例：

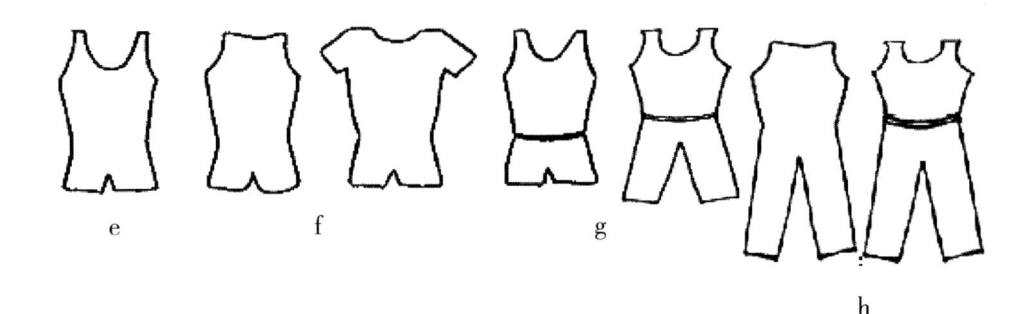

e　　f　　g　　h

（五）比赛程序

竞技健美操比赛不得早于上午10点开始和晚于11点结束。比赛日程必须经过健美操技术委员会或赛事组委会认可并且印制成工作表。竞技健美操分预赛与决赛。具体参赛办法如下：

1. 预赛参赛人数

①男子单人、女子单人、混合双人和三人项目，每个参赛单位每个项目最多2人或2组。

②五人项目、有氧舞蹈和有氧踏板每个参赛单位每个项目最多1组。

2. 出场顺序

预赛和决赛的出场顺序由抽签决定。抽签必须在健美操竞赛技术委员会主席或指定委员现场监督下执行。

①抽签工作在报名截止日期后的2周内进行。

②秘书长将在抽签工作的至少1个月前将抽签的时间、地点通知各会员单位，会员单位有资格亲临抽签现场行使权力。

③新闻单位和当地媒体机构将会被邀请派代表到现场。

④由"中立国"人员或计算机执行抽签。

⑤每名运动员或参赛队的出场顺序将由抽签决定，该顺序将在参赛时予以执行。

3. "10分钟法则"

为了保障运动员的健康和安全，国际体操联合会规定运动员参加多个项目比赛时，两项比赛之间需有10分钟的恢复时间，相当于4个比赛套路的时间。

根据此原则，抽签的顺序有可能被调整。若某参赛运动员或参赛队在前一轮比赛中第7个出场，且在下一轮比赛抽签中抽到前三名，那么新的出场顺序将调整为第4名；若在前一轮比赛是最后一位出场，且在下一轮比赛中抽到前4名，那么出场顺序将调整为第5名。

若需调整出场顺序，将由高级裁判组主席执行，一旦符合条件的运动员调整了出场顺序，将由赛场评分系统生成新的出场名单。该法则适用于包括决赛在内的全部轮次的比赛。

4. 候场区域

与赛台相连的一块特定区域为候场区域，该区域只允许即将出场的2名或者2组运动员及其教练员使用，其他人员不得入内。

5. 弃权

运动员在开赛叫到后20秒不出场，将由裁判长扣除0.5分。

运动员在开赛叫到后60秒不出场，将被视为弃权。宣布弃权后运动员将失去本项比赛的资格。

（六）录取办法

所有项目排名前8的运动员/运动队参加决赛。

1. 同分判决

预赛及决赛的任何名次一旦出现分数相同的情况，请依次参照以下标准进行排名：

完成分的最高总分。

艺术分的最高总分。

难度分的最高总分。

如果分数依然相同，则名次并列（预赛成绩不带入决赛）。

2. 团体排名

团体排名录取前8名队伍，不足8队，依次递减录取。团体比赛中的任何名次一旦出现分数相同的情况，请依次按照以下标准进行排名：

五人操项目的最好名次。

三人操项目的最好名次。

计入团体总分的有氧舞蹈或有氧踏板项目的最好名次。

如果分数依然相同，则名次并列（以预赛成绩计算团体分数及名次）。

（七）裁判组组成

官方赛事设高级裁判组7人，裁判长1人，裁判员10人（其中艺术裁判员4

人、完成裁判员4人、难度裁判员2人），视线裁判2人，计时裁判1人，辅助裁判若干人（基层比赛可以酌情予以增减）。

1. 高级裁判组

由FIG健美操技术委员会主席及委员组成。世界健美操锦标赛、世界杯健美操比赛（共7人），高级裁判组职能和评分标准包括：

1名技委会主席。
2名技委会委员担任难度技术监督。
2名技委会委员担任完成技术监督。
2名技委会委员担任艺术技术监督。
①监督整个比赛进程，处理影响比赛进程的一切违纪或特殊情况。
②及时处理裁判员出现的严重的评分错误。
③反复审核裁判员的评分，对在评判工作中表现不佳或有倾向性打分的裁判提出警告。
④更换被警告后仍表现不佳的裁判。

比赛时，FIG执行委员会有权决定高级裁判组的工作准则以及技委会成员的分工。

2. 裁判长

（1）职责

①记写下全部难度动作。
②对符合要求的托举动作进行评分。
③依据技术规程监督裁判工作。
④根据评分规则针对相关违规情况对总分进行减分。
⑤当完成分和艺术分出现较大的偏差时，为保证评分的公正性，裁判长从逻辑性和打分步骤等方面审核并考虑对分数做出修改（裁判员可以拒绝修改）。
⑥公布成绩：必要时要在高级裁判组对分数进行干涉之后（10秒）。
⑦一旦成绩公之于众就不能修改，除非公布的分数是错误的或者是有质疑的情况。

（2）对以下动作进行减分

多余的托举动作。

违例动作。

动作中断/停止比赛。

时间偏差/时间错误。

20秒内未出场。

比赛区域的不恰当举止。

服装错误。

（3）处罚

①警告：

出现在禁止区域。

不当举止/不礼貌行为。

未穿国家队出场服（开幕式/闭幕式上）。

颁奖仪式上未穿比赛服。

②取消比赛资格：

弃权。

严重违背国际体联章程、技术规程或者评分规则。

（4）必须干预的情况

①裁判员打出了不正确或不可能的分数。

②2名难度裁判的分数不统一。

③视线裁判没有发现出界。

表10-2　裁判长做出的减分、警告及取消参赛资格等处罚

具体细则	处罚标准
1. 不当出场举止	0.2分
2. 不当着装（首饰，装饰物，身体涂油彩，男装有亮片等）	0.2分（每次）
3. 未佩戴国家标志/国徽	0.3分
4. 时间偏差(允许范围±1~2秒)	0.2分
5. 时间错误(允许范围±3秒或更多)	0.5分
6. 20秒内未出场	0.5分
7. 多或者少于规定的托举次数	0.5分（每次）
8. 违例托举	0.5分（每次）
9. 违例动作	0.5分（每次）
10. 3次或者超过3次技巧动作	0.5分（每次）

（续表）

具体细则	处罚标准
11. 动作中断2~10秒	0.5分（每次）
12. 动作停止超过10秒	2分
13. 成套动作主题违背奥林匹克精神和评分道德	2分
14. 出现在禁止区域	警告
15. 不适当行为举止	警告
16. 未穿国家队出场服参加开闭幕式	警告
17. 在颁奖仪式上未穿比赛服	警告
18. 弃权	取消资格
19. 严重违反国际体联章程、技术规程或者评分规则	取消资格

3. 裁判员

健美操裁判员必须与健美操项目保持密切联系，并且要不断拓展自己的专业实践知识和能力。从事健美操裁判工作的先决条件是：

精通FIG评分规则。

精通FIG技术规程。

精通健美操新的难度动作。

（1）全体裁判员必须要做到

出席全部会议、赛前讨论及小结会。

按比赛日程安排在指定时间到达赛场。

（2）比赛期间裁判员必须要做到

不离开指定座位。

不与他人接触。

不与教练员、运动员和其他裁判员讨论。

按规定着装。

（女：深蓝或黑色的裙或裤套装，以及白衬衫）

（男：深蓝色上衣，灰色或深色裤子，浅色衬衫和领带）

（3）艺术裁判

艺术的评判是利用规则中规定的评分尺度并按照规则中相关艺术评判标准对成套动作进行评分。艺术分的评价内容不仅包括运动员在"做什么"，还包括"怎么做""在哪儿做"。

①艺术裁判从以下几个方面对成套动作创编做出评价：

音乐和乐感（最高2分）。

操化内容（最高2分）。

主体内容（最高2分）。

空间运用（最高2分）。

表现（最高2分）。

②艺术分评分范围（满分为10分）：

"优秀"成套　　　9.6～10分。

"很好"成套　　　9.0～9.5分。

"好"成套　　　　8.0～8.9分。

"满意"成套　　　7.0～7.9分。

"差"成套　　　　6.0～6.9分。

"不可接受"成套　5.0～5.9分。

（4）完成裁判

①完成评分是裁判员从满分10分开始减分，裁判员要针对每一个偏离完美完成的动作进行扣分，对成套动作的技术技巧进行评价。

难度动作（难度&技巧）。

操化动作。

过渡与连接动作。

托举动作。

配合及团队协作。

一致性。

②评分标准及减分尺度：

小错误（每次减0.1分）：轻微偏离完美的完成。

大错误（每次减0.3分）：明显偏离完美的完成。

不可接受的错误（每次减0.5分）：错误的技术、多个错误叠加、触地等。

摔倒（每次减1.0分）：掉落或完全没有控制地跌落到地板上。

（5）难度裁判

难度裁判对运动员完成的难度动作进行评价并给予正确的分值。难度裁判必须要辨别并确认运动员完成的每一个难度动作是否达到了最低完成标准。如果难度动作没有达到最低完成标准或失误时，将得不到分值。

①难度裁判必须做到：

记录成套中的所有难度动作。

计算难度动作的数量并给予分值。

进行难度减分。

②难度动作要求：

男子单人、女子单人项目成套动作中最多10个难度动作。

混合双人、三人、五人项目成套动作中最多9个难度动作。

（每个难度动作都有自己的组别、类别和分值）

成套动作中的9或10个难度动作必须源于规则中的难度表（表10-3），难度表中任选3个组别，每个组别至少1个。

成套动作中最多允许有3个C组难度动作落地成俯撑或劈腿。

混双、三人、五人项目：

完成难度动作时不能与同伴发生身体接触。

所有运动员必须同时或依次面向相同或不同完成同样的难度动作。

③难度分是由成套动作中所有难度动作及连接加分相加后除以一个系数得到的。

2：男单、女单、混双、三人（男）、五人（男）。

1.8：三人（女或男女混合）、五人（女或男女混合）。

计算出来的结果是最终的难度得分，精确到小数点后3位。

表10-3 难度动作减分

超过9/10个难度	每个难度-1.0分
超过3个C组难度落地成俯撑或劈腿动作	每个难度-1.0分
难度动作的重复	每个难度-1.0分
超过3个动作的连接（技巧动作或难度动作）	每个动作-1.0分
2/3个动作的连接超过2次	每次连接-1.0分

（6）视线裁判

①工作职责：

视线裁判坐在赛台4个角落的两个对角，每名裁判负责赛场的两条边线。对出界错误进行评判。

②评分标准和减分：

标志带是比赛场地的一部分，因此身体接触到标志带不算出界；肢体在空中出界将不被扣分；但身体任何部分接触到标志带以外的场地将被减分。运动员出界时，视线员举红旗示意，并记写减分表，该运动员/运动队成套结束后迅速提交裁判长处。

表10-4　出界减分

减分：	
●出界：	每名运动员每次 – 0.1分

（7）计时裁判

① 工作职责：

拖延出场 / 弃权。

时间错误 / 偏差。

动作中断 / 停止比赛。

② 评分标准和减分：

计时是从第一个可听见的声音开始（提示音/哔哔声、嘟嘟响不算），到最后一个可听见的声音为止。若以上任何错误发生，计时员必须告知裁判长，裁判长予以相应的减分（参照裁判长减分）。

（八）最后得分

1. 艺术分（4名裁判）

去掉1个最高分、去掉1个最低分，如果中间两个分数的误差在下列允许的分差范围内，这两个分数的平均分就是最终的艺术得分。

2. 完成分（4名裁判）

去掉1个最高分、去掉1个最低分，如果中间两个分数的误差在下列允许的分差范围内，这两个分数的平均分就是最终的完成得分。

3. 艺术分和完成分的允许偏差

在比赛时，中间两个分数的分差不能超过：

最后得分	分差
10.00–8.00	0.3
7.99–7.00	0.4
6.99–6.00	0.5
5.99–0.00	0.6

如果两个分数的分差超过上述范围，4个分数的平均分将作为最终的分数。

4. 难度分（2名裁判）

一致同意的分数将是最终的难度分。

5. 总分

艺术分、完成分、难度分相加为总分。

6. 最后得分

总分减去难度减分、视线减分、计时减分、裁判长减分即为最终得分。
一旦裁判员未能及时出分或没打分，其他分数的平均分将代替未评分数。

7. 最高分和最低分的最大分差

（1）艺术分和完成分

最高分和最低分的分差一旦达到1.0分或更多，比赛结束后将会对裁判员的分数进行分析，并予以适当处罚。

（2）难度分

2名难度裁判的分数如果未能达成一致且分差达到0.3分或更多（除以2或1.8前），比赛结束后将会对裁判员的分数进行分析，并予以适当处罚。

（3）分数复核（参见技术规程8.4）

允许对难度分进行申诉。
不允许对其他分数进行申诉。

（九）成绩公布

每场比赛的总分（艺术分、完成分、难度分）、裁判长减分、最后得分以及排名都必须公之于众。预赛结束后，各参赛国将得到完整的成绩复印件，不包括各裁判员的具体评分。在整个比赛结束后，各参赛国将会得到一份完整的包括具体评分的成绩册。

（十）奖励

1. 仪式

见国际体联奖牌授予仪式的特殊规定，组织细节将由国际体联负责批准。

2. 奖励

每个项目获得前3名的运动员将被授予奖牌；进入决赛者授予证书；所有参赛运动员和官员将被授予参赛者证明。

（十一）特殊情况及处理

1. 以下被视为特殊情况

播放错音乐。
由于音响设备而出现的音乐问题。
由于设备问题而出现的干扰——灯光、舞台、场馆等。
通过运动员以外的个人或其他途径等把外部异物带入比赛区域对比赛造成干扰。
运动员责任外的特殊情况导致的弃权。

2. 处理

①运动员遇到以上任何特殊情况应立即停止做动作，成套动作结束后提出的抗议将不被接受。
②根据裁判长的决定，运动员在问题解决后可重做，原先分数无效。
③上述特殊情况以外的问题将由高级裁判组协商解决。高级裁判组的决定为最终判决。

（十二）运动员更换

确认报名后不得更换参赛运动员。如确因伤病或特殊情况需要更换，必须在比赛开始前24小时持大会医生证明或相关医学证明提出书面申请，经组委会同意后方可更换。

（十三）参赛者纪律及处罚

①拒绝领奖者取消所有比赛成绩与名次。
②被播报后60秒未出现在比赛场地者，取消运动员参加该项目比赛资格。
③对不遵守大会相关纪律、不尊重裁判员和大会工作人员，有意干扰比赛者将视情节给予以下处罚：警告；取消比赛资格；取消其获得的与参赛项目相关的运动员、教练员、裁判员的等级资格；终身取消相关赛事资格。

二、有氧舞蹈、有氧踏板

（一）定义

①有氧舞蹈定义：团队成套由8名运动员运用舞蹈方式完成健美操动作的集体成套。成套必须包含4~8个八拍街舞动作，作为第二风格。成套中可以包含技巧动作或难度动作，但无分值。
②有氧踏板定义：有氧踏板（8名运动员，任意性别组合方式）是一项在音乐的伴奏下，运用健美操的基本步伐、手臂操化动作，围绕特定的器械（踏板），进行成套动作展示的运动项目。成套动作中不允许出现任何难度动作和技巧动作。

（二）参赛项目与人数

有氧舞蹈8名运动员（男子/女子/男女混合）。

（三）参赛年龄

参赛当年满18周岁。

（四）成套动作时间及场地大小

1. 成套时间

1分20秒±5秒。

2. 比赛场地

10米×10米。

（五）比赛音乐

任何适合有氧舞蹈运动以及有氧踏板的音乐风格，均可被采用。

（六）着装要求

①运动外表。
②上下连体或分体的紧身衣裤（紧身短裤、长裤与紧身上衣）是允许的。
③不得露出内衣。
④参赛队员之间服装允许存在差异，但应保持和谐一致。
⑤不允许穿着较大（宽松）的服装。
⑥参赛队员必须穿着健美操专用鞋或运动鞋。
⑦头发必须固定。
⑧不允许使用附加器械（管、棒、球等），以及配饰（皮带、背带、衣带等）。
⑨禁止穿有描绘战争、暴力、宗教信仰为主题的服装。
⑩男运动员衣着不得有亮片。

（七）裁判长（减分）

1. 托举

有氧舞蹈及有氧踏板成套中，允许出现托举动作，也可以没有托举，但不允许超过1次，超过1次托举：每次减0.5分。

（1）有氧舞蹈

成套动作中可以出现1次托举，无分值。

（2）有氧踏板

成套动作中可以出现1次托举，被托举的运动员可以借助踏板被举起，无分值（抛接在托举动作中被视为违例动作）。

2. 技巧动作组合

①在有氧舞蹈成套中完成单个技巧动作，一套中最多允许出现2个。

②在有氧舞蹈成套中若以技巧组合出现，最多2个技巧动作为1个技巧组合，必须同时展示，若相同或不同的组合连续展示，将计为2个组合或更多。若不同的技巧组合同时展示，则计为1个组合。

最多展示3个。

例如，踺子+小翻+空翻=减分。

踺子+空翻=不减分。

技巧组合中出现2个以上技巧动作：每次减0.5分。

成套动作中出现3次以上技巧组合：每次减0.5分。

（八）艺术评判

1. 创编（复杂性与原创性）

①音乐和乐感。
②有氧舞蹈、有氧踏板内容。
③主体内容。
④空间/队形。

2. 表现

艺术性。

表10-5　有氧舞蹈艺术评分标准

标准	不可接受		差		满意		好		很好		优秀
音乐和乐感	1.0	1.1	1.2	1.3	1.4	1.5	1.6	1.7	1.8	1.9	2.0
舞蹈内容	1.0	1.1	1.2	1.3	1.4	1.5	1.6	1.7	1.8	1.9	2.0
主体内容	1.0	1.1	1.2	1.3	1.4	1.5	1.6	1.7	1.8	1.9	2.0
空间/队形	1.0	1.1	1.2	1.3	1.4	1.5	1.6	1.7	1.8	1.9	2.0
艺术性	1.0	1.1	1.2	1.3	1.4	1.5	1.6	1.7	1.8	1.9	2.0

表10-6　有氧踏板艺术评分标准

标准	不可接受		差		满意		好		很好		优秀
音乐和乐感	1.0	1.1	1.2	1.3	1.4	1.5	1.6	1.7	1.8	1.9	2.0
踏板内容	1.0	1.1	1.2	1.3	1.4	1.5	1.6	1.7	1.8	1.9	2.0
主体内容	1.0	1.1	1.2	1.3	1.4	1.5	1.6	1.7	1.8	1.9	2.0
空间/队形	1.0	1.1	1.2	1.3	1.4	1.5	1.6	1.7	1.8	1.9	2.0
艺术性	1.0	1.1	1.2	1.3	1.4	1.5	1.6	1.7	1.8	1.9	2.0

（九）完成评判

1. 技术技巧（7分）

完成裁判将对难度动作、技巧动作、成套内容（舞蹈内容、过渡、连接、托举、配合）完成的技术技巧进行评分。

运动员所需展示的能力：力量、爆发力、柔韧性以及完美完成成套动作的能力。

①形态、身体姿态、标准姿态；在所有段落中保持和控制身体的能力。
②准确性：每段成套动作必须展示完美的身体控制能力。
③力量、爆发力、柔韧性：展示力量、展示爆发力、展示柔韧性。

2. 一致性（3分）

完成所有动作的一致性：每次-0.1分。

3. 完成减分

（1）难度/技巧（如果包括）

一个难度动作最多减0.5分。

表10-7　难度/技巧减分

小错误	中错误	大错误	不可接受的错误或失败
0.1	0.3	0.5	1.0

（2）成套创编

表10-8　成套创编内容完成情况减分

偏离完美程度	小错误	中错误	失败
操化（每个单元）	0.1	0.3	1.0
过渡与连接（每次）	0.1	0.3	1.0
托举	0.1	0.3	1.0
同伴协作与动力性配合	0.1	0.3	1.0

（3）一致性

全部动作的完成需整齐划一，具有相同的动作幅度，同时开始或结束动作，相同的动作完成质量。同时也包括手臂动作，每个动作必须精确、清晰可辨。

表10-9　成套一致性减分

每次	0.1
成套	最多3.0

第三节　健身健美操竞赛的裁判方法

2017年版《全国全民健身操舞大赛评分指南》是为深入研究新时代背景下群众体育需求的新特点，大力发展全民健身事业，着眼于百姓大众对生活品质的追求，深层次挖掘多元健身形式，大力推广科学健身方法，规范管理全国各类全民健身操舞赛事活动所制定的竞赛规则。现今社会各级健身操舞比赛的性质和种类较多，赛前要根据竞赛规程选择采用的规则，进行相应内容的比赛参照。

一、参赛分组

（一）年龄分组

学校组：小学组（小学甲组7~9岁，小学乙组10~12岁）、中学组（初中组、高中组）、大学组（普通院校组、体育院校组）、精英组（高校高水平运动队及运动训练专业）。

社会组（俱乐部组）：幼儿组（6岁以下）、儿童组（7~12岁）、少年组（13~17岁）、青年组（18~35岁）、中年组（36~55岁）、老年组（56岁以上）。

其他组：部队、行业体协、地市级。

（二）内容分组

1. 有氧健身操舞

（1）自选动作

徒手健身操舞：有氧健身操、有氧健身舞、自由舞蹈（各种不同风格特点的舞蹈作品）、运动舞蹈（各种体育艺术类表演形式的项目）。

轻器械健身操舞：健身轻器械操、表演轻器械健身操、表演轻器械健身舞。

FIG有氧类健美操：有氧舞蹈、有氧踏板。

（2）规定动作

《全国普及性健美操全民推广套路》《全国全民健身操等级推广规定动作》。

第三套《全国健美操大众锻炼标准规定动作》少儿1~3级、成人1~6级（不包括地面动作）。

肯德基《系列校园青春健身操》（健身操基础套、提高套、啦啦操基础套、提高套）。

2. 时尚健身课程

自选动作：传统健美操（HI-LOW）、健身舞蹈（FIT DANCE）、有氧搏击（KICK BOXING）、形神课程（MINDBODY）、健身踏板（FIT STEP）、健身球（FIT BALL）、健身杠铃（BODY-PUMP）。

3. 广场健身操舞

（1）规定动作

广场健身操规定动作、广场健身舞规定动作。

（2）自选动作

广场健身操、广场健身舞。

4. 街舞

（1）规定动作

健酷街舞规定动作、时尚街舞推广动作、大众街舞推广套路、大众街舞规定套路。

（2）自选动作

传统街舞（Old School）、流行街舞（New School）。

5. 民族健身操舞（自选动作）

民族健身操、民族健身舞；民族器械健身操、民族器械健身舞。

二、参赛人数

参赛运动员性别不限，参赛人数为6~24人；广场健身操舞12~36人。

三、成套动作比赛时间

①成套自选动作比赛时间为2分±10秒。
②有氧舞蹈、有氧踏板比赛时间为1分30秒±5秒。

四、比赛场地

比赛场地12米×12米（时尚街舞、广场健身操舞不限场地大小）。

五、着装与仪容

①男、女运动员着装款式不限，适合运动，可适量添加服装配饰，如飘带、亮片、适宜的设计图案等。

②男、女运动员着装应整洁美观，头发不遮脸，允许化淡妆，不得佩戴任何首饰和手表（民族健身操舞除外）。

③必须着合适的内衣，不得过于暴露，不得显露文身，不得造型怪异，服装上禁止描绘战争、暴力、宗教信仰或性爱主题的因素。

④着比赛服领奖。

六、比赛程序及录取办法

各组别各单项只进行一场比赛，名次录取分别为：全国全民健身操舞大赛分站赛及总决赛均为特等奖30%、一等奖40%、二等奖30%（单项参赛队伍数量）。

七、裁判组的组成

官方赛事设高级裁判组3人、裁判长1人，裁判员6~8人，视线裁判2人，计时裁判1人，辅助裁判若干人（基层比赛可酌情予以增减）。

（一）高级裁判组

负责控制裁判工作。按照规则对裁判员和裁判长的评分进行调控，以保证最后得分的准确性；记录各裁判员打分的偏差，如反复出现偏差，高级裁判组有权警告或更换裁判员。

（二）裁判长

赛前组织裁判员学习竞赛规程和评分规则，负责裁判员分工、临场抽签等工作；根据评分规则依据相关违规情况进行裁判长减分。

表10-10　裁判长减分表

运动员表现	减分及处罚
运动员在被叫到后20秒未出现在比赛场地	减0.2分
运动员在被叫到后60秒未出现在比赛场地	弃权
时间偏差（在5秒以内的时间偏差）	减0.2分
运动员着装、仪容不符合规定	减0.2分
运动员比赛时掉物或装束散落	减0.2分
托举的数量违例（多于一次托举）	每次减0.5分
托举动作违例	每次减1.0分
器械种类超过2种	减0.5分
因动作失误器械掉地，不捡起视为失去器械	减0.5分
参赛人数不符合规定	减1.0分
违反安全特殊规定	每次减1.0分

（三）裁判员

①严格遵守竞赛规程、评分规则和裁判员誓言。

②按规定着装，如服装不符合要求，取消其裁判员资格。

③准时到达比赛地点，不得擅自离开，不得以任何方式同其他裁判员、观众、教练员和运动员交谈或者示意，如有违反，将给予警告或者处罚。

④保留成套动作的评分记录，必要时递交高级裁判组或裁判长。

⑤当裁判员的评分与高级裁判组之间出现严重不一致时，要求给予合理的解释，并在赛后协助分析。

（四）视线裁判员

每名裁判员负责赛场的两条边线，对场上运动员的出界错误进行评判（举红旗示意），并填写减分单提交至裁判长处。

（五）计时裁判员

按照规则记录成套时间的错误，填写减分并及时向裁判长提交。

（六）检录长

按照章程要求，组织运动员比赛入场及颁奖入场检录工作。

（七）放音员

负责开幕式、闭幕式音乐的准备和播放；负责收集各代表队比赛音乐资料。并进行整理排序、播放音乐、保管、退还等工作。

（八）播音员

负责收集各代表队资料，在高级裁判组的指挥下，介绍全民健身操舞的竞赛规则，对参赛顺序和比赛的结果进行播报。

八、成套评分办法

表10-11　评分因素

评分内容	评分标准	分值
成套创编	成套编排主题突出，项目特征显著，动作内容新颖、多样，连接自然流畅，操舞（或民族舞蹈）动作设计风格特点突出；充分挖掘器械属性，完美展示轻器械动作词汇；开始和结束动作应表现出艺术性和表演性	2分
场地空间与队形	成套动作需最大限度地使用比赛的场地，有效利用三维空间的变化，正确处理运动员与器械的关系；队形设计新颖合理，变化清晰、流畅，体现出团队配合意识	2分
音乐与表现	成套动作的设计与音乐的节奏、动效相吻合；运动员通过高规格的动作技巧，干净利落、娴熟地完成成套动作，表演热情洋溢，将运动、激情、表演融为一体，表现出运动员的健康自信与活力，彰显团队表演的感染力	2分

（续表）

评分内容	评分标准	分值
技术技巧	运动员合理运用身体能力（力量、爆发力、柔韧、速度、耐力和灵敏性）表现出正确的动作技术、使用器械的娴熟性以及完美完成动作的能力；全体运动员在完成成套动作过程中，必须表现出对动作的速度、方向及身体位置的整体控制能力	2分
一致性	集体动作整齐划一，即全体运动员必须同步完成动作，主要体现在动作的幅度、速度、轨迹、合拍，以及队形移动变化的一致性与表演能力的一致性等	2分

九、最后得分

裁判员评分精确到0.1分，运动员最后得分精确到0.01分，得分高者名次列前，若得分并列，则名次并列。

最后得分=裁判员平均分（去掉最高分、去掉最低分、中间平均分）－裁判长减分。

十、特殊情况处理

运动员在遇到以下特殊情况时，应立即停止做动作并向裁判长示意，在问题解决后重新开始比赛，比赛结束后提出的要求将不被受理。

播放错音乐；

由于设备问题而出现的干扰——音乐、灯光、舞台、会场等。

十一、运动员更换

确认报名后不得更换参赛运动员。如确因伤病或特殊情况需要更换，必须在比赛开始前24小时持大会医生证明或相关医学证明提出书面申请，组委会同意后方可更换。

十二、裁判员纪律及处罚

严格执行国家体育总局关于全国体育竞赛裁判纪律有关规定。

十三、参赛者纪律及处罚

①拒绝领奖者取消所有比赛成绩与名次。
②检录3次不到者取消运动员该项目比赛资格。
③对不遵守大会相关纪律、不尊重裁判员和大会工作人员，有意干扰比赛者将视情节给予以下处罚：警告；取消比赛资格；取消其获得的与参赛项目相关的运动员、教练员、裁判员的等级资格；终身取消相关赛事资格。

参考文献

[1] 刘二侠. 健美操的发展与创新研究 [M]. 长春：吉林摄影出版社，2019.

[2] 王洪. 健美操教程 [M]. 北京：人民体育出版社，2019.

[3] 杨旭东. 舞动青春的健美操运动探索 [M]. 北京：中国纺织出版社，2018.

[4] 杨雪清. 青少年体育价值取向研究 [M]. 成都：电子科技大学出版社，2017.

[5] 全国青少年运动技能等级标准研制组. 健美操运动技能等级标准与测试方法 [M]. 北京：科学出版社，2019.

[6] 陶李军. 现代健美操运动技能分析与教学研究 [M]. 北京：中国纺织出版社，2018.

[7] 王鹏. 高校健美操教学理论与实践探索 [M]. 北京：中国民族文化出版社有限公司，2019.

[8] 李荔. 舞动课堂上海市高中专项化体育课程健美操教学指南 [M]. 上海：上海教育出版社，2019.

[9] 毛振明. 普通高中教科书体育与健康教师教学用书 [M]. 北京：人民教育出版社，2019.

[10] 赵晨子. 高校健美操训练的理论与实践 [M]. 北京：北京理工大学出版社，2019.

[11] 陈彩霞. 现代健美操教学与训练研究 [M]. 北京：中国民族文化出版社有限公司，2019.

[12] 郑柏香. 高校健美操的教学与训练 [M]. 北京：电子工业出版社，2019.

[13] 张颖. 健美操 [M]. 长春：吉林出版集团股份有限公司，2019.

[14] 张弘. 竞技健美操体能训练研究 [M]. 北京：九州出版社，2018.

[15] 孔宁宁. 高校竞技健美操体能训练与健康教育 [M]. 延吉：延边大学出版社，2019.

[16] 黄文杰，刘畅，赵丽琼. 健美操 [M]. 成都：电子科技大学出版社，2017.

［17］乔治·格雷厄姆，埃洛伊丝·艾略特，史蒂夫·帕尔默.儿童和青少年体育教育指导［M］.张旎，译.北京：人民邮电出版社，2020.02.

［18］方江.健美操快速入门［M］.北京：光明日报出版社，2015.

［19］全国青少年运动技能等级标准研制组.健美操运动技能等级标准与测试方法［M］.北京：科学出版社，2019.

［20］陈开亮，如歌.全方位形体健身操的理论与实践［M］.北京：北京体育大学出版社，2016.

［21］郭霞.健美操课程中增强学生艺术修养的教学策略研究［J］.辽宁经济职业技术学院，辽宁经济管理干部学院学报，2019（6）：137-139.

［22］国际体操联合会.FIG竞技健美操竞赛规则（2017—2020）［Z］.北京：中国健美操协会，2017.

［23］肖振华.竞技健美操训练对青少年平衡能力影响的研究［D］.南昌：江西师范大学，2019.

［24］钟臣.新形势下健美操教学与素质教育的研究［J］.当代体育科技，2017，7（13）.

［25］刘焕.竞技健美操运动员艺术表现力的研究［D］.郑州：郑州大学，2015.

［26］胡海凤.普通高校健美操形体教学的内容设计［D］.长沙：湖南大学，2014.

［27］李瑾.新周期规则下竞技健美操运动员表现力及影响因素的研究［D］.哈尔滨：哈尔滨体育学院，2014.

［28］韩延鹰.音乐训练对体育院校健美操运动员表现力的实验影响［D］.长春：吉林体育学院，2015.

［29］程婷婷.高校健美操公共选修课学生音乐素养培养的实验研究［D］.苏州：苏州大学，2014.